國中會考英語系列叢書

1.

國中會考必備1200字
劉 毅 主編 / 書 120元

七、八年級同學可以先背「國中會考必備1200字」。按照字母順序排列，每一個單字皆有例句，讓同學對於單字的用法更清楚了解。

2.

國中常用2000字
劉 毅 主編 / 書+MP3 220元

九年級同學可以進一步使用「國中常用2000字」，準備更完善。按字母序排列，每個單字皆有例句，讓同學更了解單字的用法。

3.

國中分類記憶2000字
劉 毅 主編 / 書+MP3 220元

這2000字是教育部九年一貫課程綱要英文科小組參考多項資料後整理而得，也是國中英語教材編輯最重要的參考資料。

4.

國中2000分類輕鬆背
劉 毅 主編 / 書附錄音QR碼 250元

將國中2000字分類，用「比較法」，利用已會的單字背較難的單字，化繁為簡　　　　字背好，在最短的時間內，學最多的

5.

升高中關鍵500字
劉 毅 主編 / 書 180元

本書單字經過電腦統計，從無數的模擬試題中挑選出編輯。每個單字均有例句，背單字同時訓練閱讀能力。

6.

升高中常考成語
謝沛叡 主編 / 書 100元

包含歷屆基測、會考、高中職聯合入學測驗，各大規模考試英文試題中最常出現的關鍵成語。每個成語均有例句，附有「溫馨提示」，幫助學習。

7.

文法入門
劉毅 修編 / 書 220元

學文法的第一本書，簡單易懂，一學就會。本書不僅適合國中生，也適合高中生；適合小孩，也適合成人；適合自修，也適合當教本。

8.

基礎英文法測驗
陳瑠珂 編著 / 書 100元

學英文靠自己，一天只花20～30分鐘，輕鬆學文法。每課附學習成果評量，自我評估。附「重點」與「提示」，複習容易誤用及難懂之處，澄清觀念。

9.

國中常考英文法
劉毅 主編 / 題本 100元 / 教師手冊 100元

歸納出50個最重要的常考文法重點，每一個重點都有10題練習，讓同學在最短時間內把文法做完善的練習和準備，並對文法有全面性的了解。

10.

會考單字文法500題
李冠勳 主編 / 題本 100元 / 教師手冊 100元

準備會考，一定要多做題目，本書共有50回單字文法題，每一回10題，題型完全仿照會考，確實做完本書，認真檢討答案，會考就能考高分。

11.

會考單字文法考前660題
李冠勳 主編 / 題本 150元 / 教師手冊 150元

本書共有66回單字文法題，每回10題，題型完全仿照會考。做完本書所有題目，認真訂正答案，必能在會考中勇奪高分。

12.

會考克漏字500題
李冠勳 主編 / 題本 100元 / 教師手冊 100元

針對會考克漏字題型編撰，「會考克漏字500題」有70回，內容豐富，取材多元，為想加強克漏字的同學量身打造。

13.

會考閱讀測驗500題
李冠勳 主編 / 題本 100元 / 教冊 100元

共有60回，內容廣泛，包含各種主題，是準備會考閱讀測驗不可或缺的閱讀題本。可以加強閱讀的速度和作答的準確度，更能從容面對會考閱讀測驗。

14.

會考聽力測驗500題
劉毅 主編 / 題本 100元 / 教冊附錄音QR碼 280元

收錄25回聽力測驗，每一回測驗完全仿照「會考」的題型出題。同學只要勤加練習，熟悉考試題型，訓練答題的速度，自然能在會考中取得高分。

15.

國中會考閱讀測驗①
李冠勳 主編 / 題本 100元 / 教師手冊 100元

收錄66回閱讀測驗，30回圖表判讀+30回文字閱讀，模擬最新會考閱讀測驗的兩種題型，輕鬆看懂圖表和文章，洞悉會考英文，一書雙贏。

16.

國中會考閱讀測驗進階①
李冠勳 主編 / 題本 100元 / 教師手冊 100元

新式會考閱讀測驗同時具有「圖表」和「文字」，相互參照作答。本書收錄35回閱讀測驗，內容生活化，圖文並茂，寓教於樂，為準備會考不可或缺的資料。

17. 國中會考英語模擬試題①②③
劉毅 主編 / ①②③題本每冊 100元
①②教冊每冊+MP3 280元、③教冊附錄音QR碼 280元

依照教育部公布「國中常用2000字」編輯而成。題型範例分兩部分：聽力、閱讀，各有8回，每回60題，由資深英語老師比照實際考試的方式出題，讓同學可以快速掌握出題方向，並做充足的準備。

18.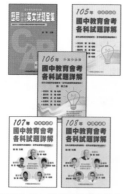

歷屆國中會考英語試題全集
劉 毅 主編 / 書 220元

105年國中會考各科試題詳解
劉 毅 主編 / 書 220元

106年國中會考各科試題詳解
劉 毅 主編 / 書 220元

107年國中會考各科試題詳解
劉 毅 主編 / 書 220元

108年國中會考各科試題詳解
劉 毅 主編 / 書 220元

※鑑往知來，掌握會考最新趨勢。

19.

國中會考英語聽力入門
李冠勳 主編 / 書+MP3 280元 / 測驗本 50元

本書依照教育部公布之題型範例，分成三部分：辨識
句意、基本問答、言談理解，共18回，每回20題，適
合七、八年級同學提前練習會考聽力。

國中會考英語聽力進階
劉 毅 主編 / 書+MP3 280元 / 測驗本 100元

依照教育部公布之題型範例，分成三部分：辨識句意
、基本問答、言談理解，共15回，每回21題，題目豐
富，適合九年級同學加強練習會考聽力。

國中會考英語聽力測驗①②
劉 毅 主編 / 每冊書+MP3 280元 / 每冊測驗本 50元

依照教育部公布之題型範例，分成三部分：辨識句意
、基本問答、言談理解，共12回，每回30題，題目豐
富，適合九年級同學，加強練習會考聽力。

20.

國中生英語演講①②
劉 毅 主編 / 每冊書+CD一片 280元

採用「一口氣英語演講」的方式，以三句一組，九句
為一段，共54句，以正常速度，三分鐘可以講完，如
果能夠背到一分半鐘內，就變成直覺，終生不會忘記
。書中內容可用於日常生活，也可用於作文中。

CONTENTS

Unit 1 People 人

(Unit 1～Unit 10)

1. **custom**[2] 〔ˈkʌstəm〕 *n.* 習俗
   <u>customer</u>[2] 〔ˈkʌstəmɚ〕 *n.*
   顧客
   <u>customs</u>[5] 〔ˈkʌstəmz〕 *n.* 海關

2. **gene**[4] 〔dʒin〕 *n.* 基因
   <u>genius</u>[4] 〔ˈdʒinjəs〕 *n.* 天才

3. **gentle**[2] 〔ˈdʒɛntḷ〕 *adj.* 溫柔的
   <u>gentleman</u>[2] 〔ˈdʒɛntḷmən〕
   n. 紳士

4. **serve**[1] 〔sɝv〕 *v.* 服務；供應
   <u>servant</u>[2] 〔ˈsɝvənt〕 *n.* 僕人
   <u>service</u>[1] 〔ˈsɝvɪs〕 *n.* 服務

5. **kid**[1] 〔kɪd〕 *n.* 小孩
   <u>nap</u>[3] 〔næp〕 *n.* 小睡
   <u>kidnap</u>[6] 〔ˈkɪdnæp〕 *v.* 綁架

6. **buy**[1] 〔baɪ〕 *v.* 買
   guy[2] 〔gaɪ〕 *n.* 人；傢伙

7. **male**[2] 〔mel〕 *n.* 男性
   adj. 男性的
   <u>female</u>[2] 〔ˈfimel〕 *adj.* 女性的
   n. 女性

8. **prince**[2] 〔prɪns〕 *n.* 王子
   <u>princess</u>[2] 〔ˈprɪnsɪs〕 *n.* 公主

prince

9. **king**[1] 〔kɪŋ〕 *n.* 國王
   <u>queen</u>[1] 〔kwin〕 *n.* 女王；皇后

queen　king

10. **host**[2,4] 〔host〕 *n.* 主人；
    主持人
    <u>hostess</u>[2] 〔ˈhostɪs〕 *n.* 女主人

11. **teens**[2] 〔 tinz 〕 *n.* 十幾歲的年齡
    <u>teenager</u>[2] 〔'tin,edʒɚ 〕 *n.*
    青少年
    She is in her teens. 她十幾歲。

12. **strange**[1] 〔 strendʒ 〕 *adj.*
    奇怪的
    <u>stranger</u>[2] 〔'strendʒɚ 〕 *n.*
    陌生人

13. **visit**[1] 〔'vɪzɪt 〕 *v.* 拜訪；遊覽
    <u>visitor</u>[2] 〔'vɪzɪtɚ 〕 *n.* 觀光客；
    訪客

14. **trouble**[1] 〔'trʌbl̩ 〕 *n.* 麻煩
    <u>couple</u>[2] 〔'kʌpl̩ 〕 *n.* 一對男女；
    夫婦

couple

15. **you**[1] 〔 ju 〕 *pron.* 你
    <u>youth</u>[2] 〔 juθ 〕 *n.* 年輕；年輕人

16. **part**[1] 〔 pɑrt 〕 *n.* 部分
    v. 分開
    <u>party</u>[1] 〔'pɑrtɪ 〕 *n.* 派對；
    政黨
    <u>partner</u>[2] 〔'pɑrtnɚ 〕 *n.* 夥伴

partner

17. **fool**[2] 〔 ful 〕 *n.* 傻瓜
    <u>pool</u>[1] 〔 pul 〕 *n.* 水池；
    游泳池

18. **guess**[1] 〔 gɛs 〕 *v.* 猜
    <u>guest</u>[1] 〔 gɛst 〕 *n.* 客人

19. **adult**[1] 〔 ə'dʌlt 〕 *n.* 成人
    <u>adulthood</u>[5] 〔 ə'dʌlthʊd 〕
    n. 成年
    adult movie 成人電影

20. **hero**[2] 〔'hɪro 〕 *n.* 英雄
    <u>zero</u>[1] 〔'zɪro 〕 *n.* 零

自我檢測一下，英文唸一遍，再看中文唸一遍。

Unit 1 People 人

1. **custom**[2]
   customer[2]
   customs[5]

2. **gene**[4]
   genius[4]

3. **gentle**[2]
   gentleman[2]

4. **serve**[1]
   servant[2]
   service[1]

5. **kid**[1]
   nap[3]
   kidnap[6]

6. **buy**[1]
   guy[2]

7. **male**[2]
   female[2]

8. **prince**[2]
   princess[2]

9. king[1]
   queen[1]

10. **host**[2,4]
    hostess[2]

11. **teens**[2]
    teenager[2]

12. **strange**[1]
    stranger[2]

13. **visit**[1]
    visitor[2]

14. **trouble**[1]
    couple[2]

15. **you**[1]
    youth[2]

16. **part**[1]
    party[1]
    partner[2]

17. **fool**[2]
    pool[1]

18. **guess**[1]
    guest[1]

19. **adult**[1]
    adulthood[5]

20. **hero**[2]
    zero[1]

1. 習俗
   顧客
   海關

2. 基因
   天才

3. 溫柔的
   紳士

4. 服務；供應
   僕人
   服務

5. 小孩
   小睡
   綁架

6. 買
   人；傢伙

7. 男性；男性的
   女性的；女性

8. 王子
   公主

9. 國王
   女王；皇后

10. 主人；主持人
    女主人

11. 十幾歲的年齡
    青少年

12. 奇怪的
    陌生人

13. 拜訪；遊覽
    觀光客；訪客

14. 麻煩
    一對男女；夫婦

15. 你
    年輕；年輕人

16. 部分；分開
    派對；政黨
    夥伴

17. 傻瓜
    水池；游泳池

18. 猜
    客人

19. 成人
    成年

20. 英雄
    零

Unit 2 Personal characteristics (I)
個人特徵

1. **beauty**[1] 〔ˈbjutɪ〕 *n.* 美
   <u>beautiful</u>[1] 〔ˈbjutəfəl〕 *adj.*
   美麗的

2. **bind**[2] 〔baɪnd〕 *v.* 綁
   <u>blind</u>[2] 〔blaɪnd〕 *adj.* 瞎的

3. **deaf**[2] 〔dɛf〕 *adj.* 聾的
   <u>deafen</u>[3] 〔ˈdɛfən〕 *v.* 使聾

4. **lobby**[3] 〔ˈlɑbɪ〕 *n.* 大廳
   <u>chubby</u>[5] 〔ˈtʃʌbɪ〕 *adj.* 圓胖的

   a chubby baby
   胖嘟嘟的小孩

5. **cat**[1] 〔kæt〕 *n.* 貓
   <u>fat</u>[1] 〔fæt〕 *adj.* 胖的

6. **cute**[1] 〔kjut〕 *adj.* 可愛的
   <u>acute</u>[6] 〔əˈkjut〕
   adj. 劇烈的
   My pain is acute.
   我很痛。(= *My pain is sharp.*)

7. **hand**[1] 〔hænd〕 *n.* 手
   <u>handsome</u>[2] 〔ˈhænsəm〕 *adj.*
   英俊的
   <u>handkerchief</u>[2] 〔ˈhæŋkətʃɪf〕
   n. 手帕

8. **head**[1] 〔hɛd〕 *n.* 頭
   <u>heavy</u>[1] 〔ˈhɛvɪ〕 *adj.* 重的；
   大量的

9. **dumb**[2] 〔dʌm〕 *adj.* 啞的
   <u>dump</u>[3] 〔dʌmp〕 *v.* 傾倒
   <u>dumpling</u>[2] 〔ˈdʌmplɪŋ〕 *n.* 水餃

10. **nice**¹ 〔 naɪs 〕 *adj.* 好的
    <u>nice-looking</u> 〔ˏnaɪs'lʊkɪŋ 〕
    adj. 好看的

11. **old**¹ 〔 old 〕 *adj.* 老的；舊的
    <u>cold</u>¹ 〔 kold 〕 *adj.* 冷的
    <u>scold</u>⁴ 〔 skold 〕 *v.* 責罵

12. **short**¹ 〔 ʃɔrt 〕 *adj.*
    短的；矮的；缺乏的
    <u>shorty</u> 〔'ʃɔrtɪ 〕 *n.*
    【口】矮子
    <u>shorts</u>² 〔 ʃɔrts 〕 *n. pl.* 短褲

13. **weight**¹ 〔 wet 〕 *n.* 重量
    <u>overweight</u> 〔'ovɚ'wet 〕 *adj.*
    過重的
    <u>underweight</u> 〔'ʌndɚ'wet 〕
    adj. 重量不足的

14. **skin**¹ 〔 skɪn 〕 *n.* 皮膚
    <u>skinny</u>² 〔'skɪnɪ 〕
    adj. 皮包骨的

15. **tall**¹ 〔 tɔl 〕 *adj.* 高的
    <u>hall</u>² 〔 hɔl 〕 *n.* 大廳

16. **lender** 〔'lɛndɚ 〕 *n.* 出借人
    <u>slender</u>² 〔'slɛndɚ 〕 *adj.* 苗條的

17. **pretty**¹ 〔'prɪtɪ 〕 *adj.*
    漂亮的　*adv.* 相當　相反詞
    <u>ugly</u>² 〔'ʌglɪ 〕
    adj. 醜的
    <u>plain</u>² 〔 plen 〕 *adj.* 平凡的

18. **thin**² 〔 θɪn 〕 *adj.* 薄的；
    瘦的　相反詞
    <u>thick</u>² 〔 θɪk 〕 *adj.* 厚的

19. **young**¹ 〔 jʌŋ 〕 *adj.* 年輕的
    <u>youngster</u>³ 〔'jʌŋstɚ 〕 *n.*
    年輕人

20. **slim**² 〔 slɪm 〕 *adj.*
    苗條的
    <u>slip</u>² 〔 slɪp 〕 *v.*
    滑倒
    <u>slipper</u>² 〔'slɪpɚ 〕 *n.* 拖鞋
    a pair of slippers 一雙拖鞋

自我檢測一下，英文唸一遍，再看中文唸一遍。

Unit 2 Personal characteristics (I) 個人特徵

1. **beauty**[1] beautiful[1]	11. **old**[1] cold[1] scold[4]	1. 美 美麗的	11. 老的；舊的 冷的 責罵
2. **bind**[2] blind[2]	12. **short**[1] shorty shorts[2]	2. 綁 瞎的	12. 短的；矮的 【口】矮子 短褲
3. **deaf**[2] deafen[3]	13. **weight**[1] overweight underweight	3. 聾的 使聾	13. 重量 過重的 重量不足的
4. **lobby**[3] chubby[5]	14. **skin**[1] skinny[2]	4. 大廳 圓胖的	14. 皮膚 皮包骨的
5. **cat**[1] fat[1]	15. **tall**[1] hall[2]	5. 貓 胖的	15. 高的 大廳
6. **cute**[1] acute[6]	16. **lender** slender[2]	6. 可愛的 劇烈的	16. 出借人 苗條的
7. **hand**[1] handsome[2] handkerchief[2]	17. **pretty**[1] ugly[2] plain[2]	7. 手 英俊的 手帕	17. 漂亮的 醜的 平凡的
8. **head**[1] heavy[1]	18. **thin**[2] thick[2]	8. 頭 重的；大量的	18. 薄的；瘦的 厚的
9. **dumb**[2] dump[3] dumpling[2]	19. **young**[1] youngster[3]	9. 啞的 傾倒 水餃	19. 年輕的 年輕人
10. **nice**[1] nice-looking	20. **slim**[2] slip[2] slipper[2]	10. 好的 好看的	20. 苗條的 滑倒 拖鞋

Unit 3　Personal characteristics (II)
個人特徵

1. **act**[1] 〔 ækt 〕 *n.* 行為
   active[2] 〔ˈæktɪv 〕 *adj.* 活躍的；
   主動的
   action[1] 〔ˈækʃən 〕 *n.* 行動

2. **anger**[1] 〔ˈæŋgɚ 〕 *n.* 憤怒
   angry[1] 〔ˈæŋgrɪ 〕
   adj. 生氣的

3. **bore**[3] 〔 bor 〕 *v.* 使無聊；使厭煩
   bored 〔 bord 〕 *adj.* 感到無
   聊的
   boring 〔ˈborɪŋ 〕 *adj.* 無聊的

4. **brave**[1] 〔 brev 〕 *adj.* 勇敢的
   bravery[3] 〔ˈbrevərɪ 〕 *n.*
   勇敢

5. **care**[1] 〔 kɛr 〕 *v.* 在乎
   careful[1] 〔ˈkɛrfəl 〕 *adj.* 小心的
   careless 〔ˈkɛrlɪs 〕
   adj. 粗心的

6. **child**[1] 〔 tʃaɪld 〕 *n.* 小孩
   childish[2] 〔ˈtʃaɪldɪʃ 〕 *adj.*
   幼稚的
   childlike[2] 〔ˈtʃaɪldˌlaɪk 〕 *adj.*
   純真的

7. **busy**[1] 〔ˈbɪzɪ 〕 *adj.* 忙碌的
   business[2] 〔ˈbɪznɪs 〕 *n.* 生意
   businessman 〔ˈbɪznɪsˌmæn 〕
   n. 生意人

8. **ever**[1] 〔ˈɛvɚ 〕 *adv.* 曾經
   clever[2] 〔ˈklɛvɚ 〕 *adj.* 聰明的

9. **confident**[3] 〔ˈkɑnfədənt 〕
   adj. 有信心的
   confidence[4] 〔ˈkɑnfədəns 〕
   n. 信心

10. **cool**[1] 〔kul〕*adj.* 酷的；涼爽的
    <u>tool</u>[1] 〔tul〕*n.* 工具

11. **cruel**[2] 〔'kruəl〕*adj.* 殘忍的
    <u>cruelty</u>[4] 〔'kruəltɪ〕*n.* 殘忍

12. **curious**[2] 〔'kjʊrɪəs〕*adj.*
    好奇的
    <u>curiosity</u>[4] 〔ˌkjʊrɪ'asətɪ〕*n.*
    好奇心

13. **diligent**[3] 〔'dɪlədʒənt〕*adj.*
    勤勉的
    <u>diligence</u>[4] 〔'dɪlədʒəns〕*n.*
    勤勉

14. **crazy**[2] 〔'krezɪ〕*adj.* 瘋狂的
    <u>crane</u>[2] 〔kren〕*n.*
    起重機；鶴

15. **honest**[2] 〔'anɪst〕*adj.* 誠實的
    <u>dishonest</u>[2] 〔dɪs'anɪst〕*adj.*
    不誠實的

16. **energy**[2] 〔'ɛnədʒɪ〕*n.* 活力
    <u>energetic</u>[3] 〔ˌɛnə'dʒɛtɪk〕*adj.*
    充滿活力的

17. **evil**[3] 〔'ivl̩〕*adj.* 邪惡的
    <u>devil</u>[3] 〔'dɛvl̩〕
    n. 魔鬼

18. **excite**[2] 〔ɪk'saɪt〕*v.* 使興奮
    <u>excited</u> 〔ɪk'saɪtɪd〕*adj.*
    興奮的
    <u>exciting</u> 〔ɪk'saɪtɪŋ〕*adj.*
    刺激的

19. **fame**[4] 〔fem〕*n.* 名聲
    <u>famous</u>[2] 〔'feməs〕*adj.*
    有名的

20. **foolish**[2] 〔'fulɪʃ〕*adj.*
    愚蠢的
    <u>polish</u>[4] 〔'palɪʃ〕*v.*
    擦亮

自我檢測一下，英文唸一遍，再看中文唸一遍。

Unit 3 Personal characteristics (Ⅱ) 個人特徵

1. **act**[1]
   active[2]
   action[1]

2. **anger**[1]
   angry[1]

3. **bore**[3]
   bored
   boring

4. **brave**[1]
   bravery[3]

5. **care**[1]
   careful[1]
   careless

6. **child**[1]
   childish[2]
   childlike[2]

7. **busy**[1]
   business[2]
   businessman

8. **ever**[1]
   clever[2]

9. **confident**[3]
   confidence[4]

10. **cool**[1]
    tool[1]

11. **cruel**[2]
    cruelty[4]

12. **curious**[2]
    curiosity[4]

13. **diligent**[3]
    diligence[4]

14. **crazy**[2]
    crane[2]

15. **honest**[2]
    dishonest[2]

16. **energy**[2]
    energetic[3]

17. **evil**[3]
    devil[3]

18. **excite**[2]
    excited
    exciting

19. **fame**[4]
    famous[2]

20. **foolish**[2]
    polish[4]

1. 行為
   活躍的
   行動

2. 憤怒
   生氣的

3. 使無聊
   感到無聊的
   無聊的

4. 勇敢的
   勇敢

5. 在乎
   小心的
   粗心的

6. 小孩
   幼稚的
   純真的

7. 忙碌的
   生意
   生意人

8. 曾經
   聰明的

9. 有信心的
   信心

10. 酷的；涼爽的
    工具

11. 殘忍的
    殘忍

12. 好奇的
    好奇心

13. 勤勉的
    勤勉

14. 瘋狂的
    起重機；鶴

15. 誠實的
    不誠實的

16. 活力
    充滿活力的

17. 邪惡的
    魔鬼

18. 使興奮
    興奮的
    刺激的

19. 名聲
    有名的

20. 愚蠢的
    擦亮

Unit 4 Personal characteristics (III)
個人特徵

1. **rank**[3] 〔 ræŋk 〕 *n.* 階級
   <u>frank</u>[2] 〔 fræŋk 〕 *adj.* 坦白的

2. **fun**[1] 〔 fʌn 〕 *n.* 樂趣
   <u>funny</u>[1] 〔 ˈfʌnɪ 〕
   adj. 好笑的

3. **friend**[1] 〔 frɛnd 〕 *n.* 朋友
   <u>friendly</u>[2] 〔 ˈfrɛndlɪ 〕 *adj.*
   友善的
   <u>friendship</u>[3] 〔 ˈfrɛndʃɪp 〕 *n.*
   友誼

4. **mad**[1] 〔 mæd 〕 *adj.*
   發瘋的
   <u>madam</u>[4] 〔 ˈmædəm 〕
   n. 女士

5. **good**[1] 〔 ɡʊd 〕 *adj.* 好的
   <u>goods</u>[4] 〔 ɡʊdz 〕 *n. pl.* 商品
   <u>good-bye</u>[1] 〔 ɡʊdˈbaɪ 〕 *interj.*
   再見

6. **happy**[1] 〔 ˈhæpɪ 〕 *adj.*
   快樂的
   <u>unhappy</u> 〔 ʌnˈhæpɪ 〕
   adj. 不快樂的　〕 相反詞

7. **greed**[5] 〔 ɡrid 〕 *n.* 貪心
   <u>greedy</u>[2] 〔 ˈɡridɪ 〕
   adj. 貪心的

8. **generous**[2] 〔 ˈdʒɛnərəs 〕 *adj.*
   慷慨的
   <u>generosity</u>[4] 〔 ˌdʒɛnəˈrɑsətɪ 〕
   n. 慷慨

9. **hard**[1] 〔 hɑrd 〕 *adj.* 困難的
   adv. 努力地
   <u>hard-working</u> 〔 ˌhɑrdˈwɝkɪŋ 〕
   adj. 努力工作的；勤勉的

10. **consider**[2] 〔 kən'sɪdə 〕 *v.*

    認為;考慮

    considerate[5] 〔 kən'sɪdərɪt 〕

    adj. 體貼的

    considerable[3]

    〔 kən'sɪdərəb!〕 *adj.* 相當大的

11. **hum**[2] 〔 hʌm 〕 *v.* 哼唱;

    嗡嗡作響

    humble[2] 〔'hʌmb!〕 *adj.* 謙卑的

12. **humor**[2] 〔'hjumə 〕 *n.* 幽默

    humorous[3] 〔'hjumərəs 〕 *adj.*

    幽默的

13. **polite**[2] 〔 pə'laɪt 〕

    adj. 有禮貌的

    impolite 〔ˌɪmpə'laɪt 〕

    adj. 不禮貌的

    相反詞

14. **jealous**[3] 〔'dʒɛləs 〕 *adj.* 嫉妒的

    zealous 〔'zɛləs 〕 *adj.* 熱心的

15. **intelligent**[4] 〔 ɪn'tɛlədʒənt 〕

    adj. 聰明的

    intelligence[4] 〔 ɪn'tɛlədʒəns 〕

    n. 智力;聰明才智

16. **lazy**[1] 〔'lezɪ 〕 *adj.* 懶惰的

    laziness 〔'lezɪnɪs 〕 *n.* 懶惰

17. **interest**[1] 〔'ɪntrɪst 〕 *v.* 使感

    興趣 *n.* 興趣

    interested 〔'ɪntrɪstɪd 〕 *adj.*

    感興趣的

    interesting 〔'ɪntrɪstɪŋ 〕 *adj.*

    有趣的

18. **lone**[2] 〔 lon 〕 *adj.* 孤單的

    lonely[2] 〔'lonlɪ 〕

    adj. 寂寞的

19. **kind**[1] 〔 kaɪnd 〕 *adj.* 親切的;

    好心的

    kind-hearted 〔ˌkaɪnd'hartɪd 〕

    adj. 好心的

20. **love**[1] 〔 lʌv 〕 *n. v.* 愛

    lovely[2] 〔'lʌvlɪ 〕 *adj.*

    可愛的

    lover[2] 〔'lʌvə 〕 *n.* 情人

自我檢測一下，英文唸一遍，再看中文唸一遍。

Unit 4 Personal characteristics (III) 個人特徵

1. **rank**[3]
   frank[2]

2. **fun**[1]
   funny[1]

3. **friend**[1]
   friendly[2]
   friendship[3]

4. **mad**[1]
   madam[4]

5. **good**[1]
   goods[4]
   good-bye[1]

6. **happy**[1]
   unhappy

7. **greed**[5]
   greedy[2]

8. **generous**[2]
   generosity[4]

9. **hard**[1]
   hard-working

10. **consider**[2]
    considerate[5]
    considerable[3]

11. **hum**[2]
    humble[2]

12. **humor**[2]
    humorous[3]

13. **polite**[2]
    impolte

14. **jealous**[3]
    zealous

15. **intelligent**[4]
    intelligence[4]

16. **lazy**[1]
    laziness

17. **interest**[1]
    interested
    interesting

18. **lone**[2]
    lonely[2]

19. **kind**[1]
    kind-hearted

20. **love**[1]
    lovely[2]
    lover[2]

1. 階級
   坦白的

2. 樂趣
   好笑的

3. 朋友
   友善的
   友誼

4. 發瘋的
   女士

5. 好的
   商品
   再見

6. 快樂的
   不快樂的

7. 貪心
   貪心的

8. 慷慨的
   慷慨

9. 困難的
   努力工作的

10. 認為；考慮
    體貼的
    相當大的

11. 哼唱；嗡嗡作響
    謙卑的

12. 幽默
    幽默的

13. 有禮貌的
    不禮貌的

14. 嫉妒的
    熱心的

15. 聰明的
    智力；聰明才智

16. 懶惰的
    懶惰

17. 使感興趣
    感興趣的
    有趣的

18. 孤單的
    寂寞的

19. 親切的
    好心的

20. 愛
    可愛的
    情人

Unit 5 Personal characteristics (IV)
個人特徵

1. **naught**〔nɔt〕*n.* 零（= *zero* [1]）
   <u>naughty</u>〔'nɔtɪ〕*adj.* 頑皮的

2. **nerve** [3]〔nɝv〕*n.* 神經
   <u>nervous</u> [3]〔'nɝvəs〕
   adj. 緊張的

3. **patient** [2]〔'peʃənt〕*adj.*
   有耐心的　*n.* 病人
   <u>patience</u> [3]〔'peʃəns〕*n.* 耐心

4. **perfect** [2]〔'pɝfɪkt〕*adj.* 完美的
   <u>defect</u> [6]〔'difɛkt〕*n.* 瑕疵；
   缺點

5. **sad** [1]〔sæd〕*adj.* 悲傷的
   <u>saddle</u> [5]〔'sædl̩〕*n.* 馬鞍

6. **poor** [1]〔pʊr〕*adj.* 窮的
   <u>poverty</u> [3]〔'pɑvɚtɪ〕*n.* 貧窮

7. **proud** [2]〔praʊd〕*adj.* 驕傲的
   <u>pride</u> [2]〔praɪd〕*n.* 驕傲

8. **please** [1]〔pliz〕*v.* 取悅
   <u>pleased</u>〔plizd〕*adj.* 高興的
   <u>pleasant</u> [2]〔'plɛznt〕*adj.* 令人
   愉快的

9. **rude** [2]〔rud〕*adj.* 無禮的
   <u>crude</u> [6]〔krud〕*adj.* 未經加工
   的；粗糙的
   crude oil 原油

10. **rich** [1]〔rɪtʃ〕*adj.* 有錢的；豐富的
    <u>riches</u> [2]〔'rɪtʃɪz〕*n. pl.* 財富；
    資源

11. **self**[1] 〔 sɛlf 〕 *n.* 自己
<u>selfish</u>[1] 〔 ˈsɛlfɪʃ 〕 *adj.* 自私的

12. **shy**[1] 〔 ʃaɪ 〕 *adj.* 害羞的
<u>shine</u>[1] 〔 ʃaɪn 〕 *v.* 照耀

13. **sincere**[3] 〔 sɪnˈsɪr 〕 *adj.* 真誠的
<u>sincerity</u>[4] 〔 sɪnˈsɛrətɪ 〕 *n.* 真誠；誠意

14. **silly**[1] 〔 ˈsɪlɪ 〕 *adj.* 愚蠢的
<u>chilly</u>[3] 〔 ˈtʃɪlɪ 〕 *adj.* 寒冷的

15. **sneak**[5] 〔 snik 〕 *v.* 偷偷地走
<u>sneaky</u>[6] 〔 ˈsnikɪ 〕 *adj.* 鬼鬼祟祟的；偷偷摸摸的
<u>sneakers</u>[5] 〔 ˈsnikəz 〕 *n. pl.* 運動鞋

16. **sting**[3] 〔 stɪŋ 〕 *v.* 叮咬
<u>stingy</u>[4] 〔 ˈstɪndʒɪ 〕 *adj.* 吝嗇的；小氣的

17. **success**[2] 〔 səkˈsɛs 〕 *n.* 成功
<u>successful</u>[2] 〔 səkˈsɛsfəl 〕 *adj.* 成功的

18. **talk**[1] 〔 tɔk 〕 *v.* 說話；說服
<u>talkative</u>[2] 〔 ˈtɔkətɪv 〕 *adj.* 愛說話的

19. **wonder**[2] 〔 ˈwʌndə 〕 *v.* 想知道 *n.* 驚奇；奇觀
<u>wonderful</u>[2] 〔 ˈwʌndəfəl 〕 *adj.* 很棒的

20. **smart**[1] 〔 smart 〕 *adj.* 聰明的
<u>smartphone</u> 〔 ˌsmartˈfon 〕 *n.* 智慧型手機

自我檢測一下，英文唸一遍，再看中文唸一遍。

Unit 5 Personal characteristics (IV) 個人特徵

1. **naught**	11. **self**[1]	1. 零	11. 自己
naughty	selfish[1]	頑皮的	自私的
2. **nerve**[3]	12. **shy**[1]	2. 神經	12. 害羞的
nervous[3]	shine[1]	緊張的	照耀
3. **patient**[2]	13. **sincere**[3]	3. 有耐心的	13. 真誠的
patience[3]	sincerity[4]	耐心	真誠；誠意
4. **perfect**[2]	14. **silly**[1]	4. 完美的	14. 愚蠢的
defect[6]	chilly[3]	瑕疵；缺點	寒冷的
5. **sad**[1]	15. **sneak**[5]	5. 悲傷的	15. 偷偷地走
saddle[5]	sneaky[6]	馬鞍	鬼鬼祟祟的
	sneakers[5]		運動鞋
6. **poor**[1]		6. 窮的	
poverty[3]	16. **sting**[3]	貧窮	16. 叮咬
	stingy[4]		吝嗇的
7. **proud**[2]		7. 驕傲的	
pride[2]	17. **success**[2]	驕傲	17. 成功
	successful[2]		成功的
8. **please**[1]		8. 取悅	
pleased	18. **talk**[1]	高興的	18. 說話；說服
pleasant[2]	talkative[2]	令人愉快的	愛說話的
9. **rude**[2]	19. **wonder**[2]	9. 無禮的	19. 想知道
crude[6]	wonderful[2]	未經加工的	很棒的
10. **rich**[1]	20. **smart**[1]	10. 有錢的	20. 聰明的
riches[2]	smartphone	財富	智慧型手機

Unit 6 Parts of the body 身體部位

1. **uncle**[1] 〔ˋʌŋkḷ〕*n.* 叔叔
   <u>ankle</u>[2] 〔ˋæŋkḷ〕*n.* 腳踝

2. **bone**[1] 〔bon〕*n.* 骨頭
   <u>bony</u>[2] 〔ˋbonɪ〕*adj.* 骨瘦如柴的
   <u>bonus</u>[5] 〔ˋbonəs〕*n.* 獎金

3. **body**[1] 〔ˋbɑdɪ〕*n.* 身體
   <u>bodyguard</u>[5] 〔ˋbɑdɪˏgɑrd〕*n.*
   保鑣

4. **sin**[3] 〔sɪn〕*n.* 罪
   <u>chin</u>[2] 〔tʃɪn〕*n.* 下巴

5. **ear**[1] 〔ɪr〕*n.* 耳朵
   <u>beard</u>[2] 〔bɪrd〕*n.* 鬍子

6. **back**[1] 〔bæk〕*n.* 背面
   <u>pack</u>[2] 〔pæk〕*n.* 小包
   <u>backpack</u>[4] 〔ˋbækˏpæk〕*n.* 背包

7. **nail**[2] 〔nel〕*n.* 指甲;釘子
   <u>snail</u>[2] 〔snel〕*n.* 蝸牛

8. **arm**[1,2] 〔ɑrm〕*n.* 手臂
   v. 武裝
   <u>army</u>[1] 〔ˋɑrmɪ〕*n.* 軍隊;陸軍

9. **eye**[1] 〔aɪ〕*n.* 眼睛
   <u>brow</u>[3] 〔braʊ〕*n.* 眉毛
   <u>eyebrow</u>[2] 〔ˋaɪˏbraʊ〕*n.* 眉毛

10. **foot**[1] 〔fʊt〕*n.* 腳;英呎
    <u>football</u>[2] 〔ˋfʊtˏbɔl〕*n.*
    橄欖球
    <u>soccer</u>[2] 〔ˋsɑkɚ〕*n.* 足球

11. **eel**[5] 〔il〕*n.* 鰻魚
    <u>heel</u>[3] 〔hil〕*n.* 腳跟

12. **lip**[1] 〔lɪp〕*n.* 嘴唇
    <u>lipstick</u>[3] 〔ˋlɪpˏstɪk〕*n.* 口紅

13. **stomach**[2] 〔ˋstʌmək〕*n.* 胃
    <u>stomachache</u> 〔ˋstʌməkˏek〕
    n. 胃痛

14. **throat**² 〔θrot〕*n.* 喉嚨

    <u>throne</u>⁵〔θron〕*n.* 王位

15. **should**¹〔ʃud〕*aux.* 應該

    <u>shoulder</u>¹〔'ʃoldɚ〕*n.* 肩膀

16. **hip**²〔hɪp〕*n.* 屁股

    <u>hippo</u>²〔'hɪpo〕*n.* 河馬

    (= *hippopotamus*²)

17. **waste**¹〔west〕

    v. 浪費 　同音字

    <u>waist</u>²〔west〕

    n. 腰

18. **toe**²〔to〕*n.* 腳趾

    <u>foe</u>⁵〔fo〕*n.* 對手；敵人

19. **hair**¹〔hɛr〕*n.* 頭髮

    <u>haircut</u>¹〔'hɛr͵kʌt〕*n.* 理髮

20. **ton**³〔tʌn〕*n.* 公噸

    <u>tongue</u>²〔tʌŋ〕*n.* 舌頭；

    語言

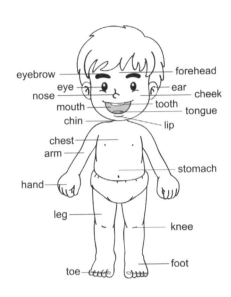

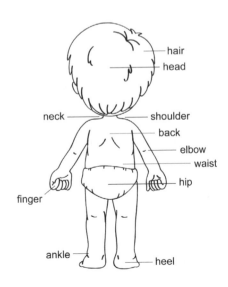

自我檢測一下，英文唸一遍，再看中文唸一遍。

Unit 6 Parts of the body 身體部位

1. **uncle**[1] ankle[2]	11. **eel**[5] heel[3]	1. 叔叔 腳踝	11. 鰻魚 腳跟
2. **bone**[1] bony[2] bonus[5]	12. **lip**[1] lipstick[3]	2. 骨頭 骨瘦如柴的 獎金	12. 嘴唇 口紅
3. **body**[1] bodyguard[5]	13. **stomach**[2] stomachache	3. 身體 保鑣	13. 胃 胃痛
4. **sin**[3] chin[2]	14. **throat**[2] throne[5]	4. 罪 下巴	14. 喉嚨 王位
5. **ear**[1] beard[2]	15. **should**[1] shoulder[1]	5. 耳朵 鬍子	15. 應該 肩膀
6. **back**[1] pack[2] backpack[4]	16. **hip**[2] hippo[2]	6. 背面 小包 背包	16. 屁股 河馬
7. **nail**[2] snail[2]	17. **waste**[1] waist[2]	7. 指甲；釘子 蝸牛	17. 浪費 腰
8. **arm**[1,2] army[1]	18. **toe**[2] foe[5]	8. 手臂；武裝 軍隊；陸軍	18. 腳趾 對手
9. **eye**[1] brow[3] eyebrow[2]	19. **hair**[1] haircut[1]	9. 眼睛 眉毛 眉毛	19. 頭髮 理髮
10. **foot**[1] football[2] soccer[2]	20. **ton**[3] tongue[2]	10. 腳；英呎 橄欖球 足球	20. 公噸 舌頭

Unit 7 Health 健康

1. **comfort**³ 〔ˈkʌmfɚt 〕 *n.* 舒適
   v. 安慰
   comfortable² 〔ˈkʌmfɚtəbḷ〕
   adj. 舒適的；舒服的

2. **health**¹ 〔hɛlθ 〕 *n.* 健康
   healthy² 〔ˈhɛlθɪ 〕 *adj.* 健康的

3. **ill**² 〔ɪl 〕 *adj.* 生病的
   pill³ 〔pɪl 〕 *n.* 藥丸

4. **pain**² 〔pen 〕 *n.* 疼痛；痛苦
   painful² 〔ˈpenfəl 〕 *adj.* 疼痛的

5. **cough**² 〔kɔf 〕
   n. v. 咳嗽
   rough³ 〔rʌf 〕 *adj.* 粗糙的

6. **pale**³ 〔pel 〕 *adj.* 蒼白的 ⎫ 同
   pail³ 〔pel 〕 *n.* 桶 ⎭ 音字

7. **week**¹ 〔wik 〕 *n.* 星期 ⎫ 同
   weak¹ 〔wik 〕 *adj.* ⎬ 音
   虛弱的 ⎭ 字

8. **dancer**¹ 〔ˈdænsɚ 〕 *n.* 舞者
   cancer² 〔ˈkænsɚ 〕 *n.* 癌症

9. **flu**² 〔flu 〕 *n.* 流行性感冒
   fluent⁴ 〔ˈfluənt 〕 *adj.* 流利的

10. **fee**² 〔fi 〕 *n.* 費用
    fever² 〔ˈfivɚ 〕 *n.*
    發燒

11. **headache** 〔ˈhɛd͵ek 〕 *n.* 頭痛
    toothache 〔ˈtuθ͵ek 〕 *n.* 牙痛

12. **wrong**[1] 〔 rɔŋ 〕 *adj.* 錯誤的
<u>strong</u>[1] 〔 strɔŋ 〕 *adj.* 強壯的

13. **run**[1] 〔 rʌn 〕 *v.* 跑；經營
<u>runny</u> 〔 'rʌnɪ 〕 *adj.* (鼻、眼)
分泌液體的
<u>runny nose</u> 流鼻水

14. **dead**[1] 〔 dɛd 〕 *adj.* 死的
<u>deadline</u>[4] 〔 'dɛd,laɪn 〕 *n.* 最後
期限

15. **sore**[3] 〔 sor , sɔr 〕
adj. 疼痛的
<u>sore throat</u> 喉嚨痛

16. **cover**[1] 〔 'kʌvɚ 〕 *v.* 覆蓋
<u>recover</u>[3] 〔 rɪ'kʌvɚ 〕 *v.* 恢復

17. **DIY** 〔 ,di aɪ 'waɪ 〕 *n.* 自己動
手做 (= *do-it-yourself*)
<u>dizzy</u>[2] 〔 'dɪzɪ 〕 *adj.* 頭暈的
I feel dizzy. 我覺得頭暈。

18. **medical**[3] 〔 'mɛdɪkl̩ 〕 *adj.*
醫學的
<u>medicine</u>[2] 〔 'mɛdəsn̩ 〕 *n.* 藥；
醫學

19. **cure**[2] 〔 kjʊr 〕 *v.* 治療
<u>secure</u>[5] 〔 sɪ'kjʊr 〕 *adj.* 安全的

20. **tire**[1] 〔 taɪr 〕 *v.* 使疲倦
n. 輪胎
<u>tired</u> 〔 taɪrd 〕 *adj.* 疲倦的

自我檢測一下，英文唸一遍，再看中文唸一遍。

Unit 7 Health 健康

1. **comfort**[3]
comfortable[2]

2. **health**[1]
healthy[2]

3. **ill**[2]
pill[3]

4. **pain**[2]
painful[2]

5. **cough**[2]
rough[3]

6. **pale**[3]
pail[3]

7. **week**[1]
weak[1]

8. **dancer**[1]
cancer[2]

9. **flu**[2]
fluent[4]

10. **fee**[2]
fever[2]

11. **headache**
toothache

12. **wrong**[1]
strong[1]

13. **run**[1]
runny
runny nose

14. **dead**[1]
deadline[4]

15. **sore**[3]
sore throat

16. **cover**[1]
recover[3]

17. **DIY**
dizzy[2]

18. **medical**[3]
medicine[2]

19. **cure**[2]
secure[5]

20. **tire**[1]
tired

1. 舒適；安慰
舒適的

2. 健康
健康的

3. 生病的
藥丸

4. 疼痛；痛苦
疼痛的

5. 咳嗽
粗糙的

6. 蒼白的
桶

7. 星期
虛弱的

8. 舞者
癌症

9. 流行性感冒
流利的

10. 費用
發燒

11. 頭痛
牙痛

12. 錯誤的
強壯的

13. 跑；經營
分泌液體的
流鼻水

14. 死的
最後期限

15. 疼痛的
喉嚨痛

16. 覆蓋
恢復

17. 自己動手做
頭暈的

18. 醫學的
藥；醫學

19. 治療
安全的

20. 使疲倦
疲倦的

Unit 8 Family 家庭

1. **ant**[1] ﹝ænt﹞ *n.* 螞蟻
   <u>aunt</u>[1] ﹝ænt﹞ *n.* 阿姨　} 同音字

2. **bother**[2] ﹝ˈbɑðɚ﹞ *v.* 打擾
   <u>brother</u>[1] ﹝ˈbrʌðɚ﹞
   n. 兄弟

3. **son**[1] ﹝sʌn﹞ *n.* 兒子
   <u>grand</u>[1] ﹝grænd﹞ *adj.* 大的；
   雄偉的
   <u>grandson</u>[1] ﹝ˈgrænˌsʌn﹞ *n.* 孫子

4. **daughter**[1] ﹝ˈdɔtɚ﹞ *n.* 女兒
   <u>granddaughter</u>[1] ﹝ˈgrænˌdɔtɚ﹞
   n. 孫女

5. **grandfather**[1] ﹝ˈgrændˌfɑðɚ﹞
   n. 祖父
   <u>grandmother</u>[1] ﹝ˈgrændˌmʌðɚ﹞
   n. 祖母

6. **band**[1] ﹝bænd﹞ *n.* 樂隊
   <u>husband</u>[1] ﹝ˈhʌzbənd﹞ *n.*
   丈夫

7. **elder**[2] ﹝ˈɛldɚ﹞ *adj.* 年長的
   <u>elderly</u>[3] ﹝ˈɛldɚlɪ﹞ *adj.*
   年老的

8. **few**[1] ﹝fju﹞ *adj.* 很少的
   <u>nephew</u>[2] ﹝ˈnɛfju﹞ *n.* 姪兒；
   外甥

9. **piece**[1] ﹝pis﹞ *n.* 片；張
   <u>niece</u>[2] ﹝nis﹞ *n.* 姪女；
   外甥女

10. **country**[1] ﹝ˈkʌntrɪ﹞ *n.* 國家
    <u>cousin</u>[2] ﹝ˈkʌzn̩﹞ *n.* 表（堂）
    兄弟姊妹

11. **grow**[1] 〔 gro 〕 *v.* 成長

    growth[2] 〔 groθ 〕 *n.* 成長

12. **wife**[1] 〔 waɪf 〕 *n.* 妻子

    housewife[4] 〔'haʊs,waɪf 〕 *n.*
    家庭主婦

13. **ex-wife** *n.* 前妻

    former wife 前妻

    late wife 已故的妻子

14. **father**[1] 〔'fɑðɚ 〕 *n.* 父親

    dad[1] 〔 dæd 〕 *n.* 爸爸

    daddy[1] 〔'dædɪ 〕 *n.* 爸爸

    〕同義字

15. **mother**[1] 〔'mʌðɚ 〕 *n.*
    母親

    mom 〔 mɑm 〕 *n.* 媽媽

    mommy[1] 〔'mɑmɪ 〕 *n.*
    媽媽

    〕同義字

16. **relate**[3] 〔 rɪ'let 〕 *v.* 使有關連

    relative[4] 〔'rɛlətɪv 〕 *n.* 親戚

    *ive 可表「人」。

17. **family**[1] 〔'fæməlɪ 〕 *n.* 家庭；
    家人

    familiar[3] 〔 fə'mɪljɚ 〕 *adj.*
    熟悉的

18. **born**[1] 〔 bɔrn 〕 *adj.* 天生的

    stubborn[3] 〔'stʌbɚn 〕 *adj.*
    頑固的

19. **marry**[1] 〔'mærɪ 〕 *v.* 和…結婚

    marriage[2] 〔'mærɪdʒ 〕 *n.* 婚姻

    Marriott Hotel
    〔'mærɪət ho'tɛl 〕 *n.* 萬豪酒店

20. **parent**[1] 〔'pɛrənt 〕 *n.* 父（母）

    apparent[3] 〔 ə'pærənt 〕 *adj.*
    明顯的

自我檢測一下，英文唸一遍，再看中文唸一遍。

Unit 8 Family 家庭

1. **ant**[1]	11. **grow**[1]	1. 螞蟻	11. 成長
aunt[1]	growth[2]	阿姨	成長
2. **bother**[2]	12. **wife**[1]	2. 打擾	12. 妻子
brother[1]	housewife[4]	兄弟	家庭主婦
3. **son**[1]	13. **ex-wife**	3. 兒子	13. 前妻
grand[1]	former wife	大的；雄偉的	前妻
grandson[1]	late wife	孫子	已故的妻子
4. **daughter**[1]	14. **father**[1]	4. 女兒	14. 父親
granddaughter[1]	dad[1]	孫女	爸爸
	daddy[1]		爸爸
5. **grandfather**[1]	15. **mother**[1]	5. 祖父	15. 母親
grandmother[1]	mom	祖母	媽媽
	mommy[1]		媽媽
6. **band**[1]	16. **relate**[3]	6. 樂隊	16. 使有關連
husband[1]	relative[4]	丈夫	親戚
7. **elder**[2]	17. **family**[1]	7. 年長的	17. 家庭；家人
elderly[3]	familiar[3]	年老的	熟悉的
8. **few**[1]	18. **born**[1]	8. 很少的	18. 天生的
nephew[2]	stubborn[3]	姪兒；外甥	頑固的
9. **piece**[1]	19. **marry**[1]	9. 片；張	19. 和…結婚
niece[2]	marriage[2]	姪女；外甥女	婚姻
10. **country**[1]	20. **parent**[1]	10. 國家	20. 父（母）
cousin[2]	apparent[3]	表（堂）兄弟姊妹	明顯的

Unit 9 Money 錢

1. **bill**[2] 〔 bɪl 〕 *n.* 帳單；紙鈔
   billion[3] 〔'bɪljən 〕
   n. 十億

2. **ash**[3] 〔 æʃ 〕 *n.* 灰
   cash[2] 〔 kæʃ 〕 *n.* 現金

3. **cent**[1] 〔 sɛnt 〕 *n.* 分
   percent[4] 〔 pə'sɛnt 〕 *n.*
   百分之…

4. **change**[2] 〔 tʃendʒ 〕 *n.* 零錢
   v. 改變
   exchange[3] 〔 ɪks'tʃendʒ 〕 *v.*
   交換

5. **coin**[2] 〔 kɔɪn 〕 *n.*
   硬幣
   coincidence[6] 〔 ko'ɪnsədəns 〕
   n. 巧合

6. **credit**[3] 〔'krɛdɪt 〕 *n.* 信用
   credit card 信用卡

7. **doll**[1] 〔 dɑl 〕 *n.* 洋娃娃
   dollar[1] 〔'dɑlɚ 〕 *n.* 元
   dolphin[2] 〔'dɑlfɪn 〕 *n.* 海豚

8. **money**[1] 〔'mʌnɪ 〕 *n.* 錢
   monkey[1] 〔'mʌŋkɪ 〕 *n.* 猴子

9. **rice**[1] 〔 raɪs 〕 *n.* 稻米；飯
   price[1] 〔 praɪs 〕 *n.* 價格

10. **row**[1] 〔 ro 〕 *n.* 排 *v.* 划（船）
    borrow[2] 〔'bɑro 〕 *v.* 借

11. **check**[1] 〔 tʃɛk 〕 n. 支票
traveler's check 旅行支票

12. **charge**[2] 〔 tʃɑrdʒ 〕 v. 收費；
控告
discharge[6] 〔 dɪs'tʃɑrdʒ 〕 v.
解雇

13. **cheap**[2] 〔 tʃip 〕 adj. 便宜的
heap[3] 〔 hip 〕 n. (一) 堆

a heap of bills

14. **cost**[1] 〔 kɔst 〕 v. 花費
n. 費用
costly[2] 〔 'kɔstlɪ 〕 adj. 昂貴的

15. **earn**[2] 〔 ɜn 〕 v. 賺
earnest[4] 〔 'ɜnɪst 〕 adj.
認真的

16. **lend**[2] 〔 lɛnd 〕 v. 借 (出)
land[1] 〔 lænd 〕 n. 陸地

17. **expense**[3] 〔 ɪk'spɛns 〕 n. 費用
expensive[2] 〔 ɪk'spɛnsɪv 〕 adj.
昂貴的

18. **pay**[1,3] 〔 pe 〕 v. 支付；付錢
n. 薪水
repay[5] 〔 rɪ'pe 〕 v. 償還

19. **spend**[1] 〔 spɛnd 〕 v. 花費
suspend[5] 〔 sə'spɛnd 〕 v. 暫停；
使停職

20. **load**[3] 〔 lod 〕 n. 負擔
loan[4] 〔 lon 〕 n. 貸款

Can you give me a loan?
你能不能借點錢給我？

自我檢測一下，英文唸一遍，再看中文唸一遍。

Unit 9 Money 錢

1. **bill**[2]	11. **check**[1]	1. 帳單	11. 支票
billion[3]	traveler's check	十億	旅行支票
2. **ash**[3]	12. **charge**[2]	2. 灰	12. 收費
cash[2]	discharge[6]	現金	解雇
3. **cent**[1]	13. **cheap**[2]	3. 分	13. 便宜的
percent[4]	heap[3]	百分之…	（一）堆
4. **change**[2]	14. **cost**[1]	4. 零錢	14. 花費
exchange[3]	costly[2]	交換	昂貴的
5. **coin**[2]	15. **earn**[2]	5. 硬幣	15. 賺
coincidence[6]	earnest[4]	巧合	認真的
6. **credit**[3]	16. **lend**[2]	6. 信用	16. 借（出）
credit card	land[1]	信用卡	陸地
7. **doll**[1]	17. **expense**[3]	7. 洋娃娃	17. 費用
dollar[1]	expensive[2]	元	昂貴的
dolphin[2]		海豚	
	18. **pay**[1,3]		18. 支付
8. **money**[1]	repay[5]	8. 錢	償還
monkey[1]		猴子	
	19. **spend**[1]		19. 花費
9. **rice**[1]	suspend[5]	9. 稻米；飯	暫停
price[1]		價格	
	20. **load**[3]		20. 負擔
10. **row**[1]	loan[4]	10. 排	貸款
borrow[2]		借	

Unit 10 Food & drink (I)
食物和飲料

1. **ban**⁵ 〔 bæn 〕 *v.* 禁止
   <u>banana</u>¹ 〔 bə'nænə 〕
   n. 香蕉

2. **ape**¹ 〔 ep 〕 *n.* 猿
   <u>grape</u>² 〔 grep 〕
   n. 葡萄

3. **man**¹ 〔 mæn 〕 *n.* 男人
   <u>mango</u>² 〔'mæŋgo 〕
   n. 芒果

4. **range**² 〔 rendʒ 〕 *n.* 範圍
   v. (範圍) 包括
   <u>orange</u>¹ 〔'ɔrındʒ 〕
   n. 柳橙

5. **each**¹ 〔 itʃ 〕 *adj.* 每個
   <u>peach</u>² 〔 pitʃ 〕 *n.*
   桃子

6. **bear**²·¹ 〔 bɛr 〕 *v.* 忍受 *n.* 熊
   <u>pear</u>² 〔 pɛr 〕 *n.* 西洋梨
   【注意發音】

7. **pine**³ 〔 paın 〕 *n.* 松樹
   <u>pineapple</u>²
   〔'paın‚æpḷ 〕 *n.* 鳳梨

8. **straw**² 〔 strɔ 〕 *n.*
   稻草; 吸管
   <u>strawberry</u>²
   〔'strɔ‚bɛrı 〕 *n.* 草莓

9. **melon**² 〔'mɛlən 〕 *n.* 甜瓜
   <u>watermelon</u>² 〔'wɔtɚ‚mɛlən 〕
   n. 西瓜

10. **cab** 〔'kæb 〕 *n.* 計程車 (= *taxi*¹)
    <u>cabbage</u>² 〔'kæbıdʒ 〕 *n.*
    甘藍菜; 包心菜

11. **carrot**² 〔'kærət 〕
   n. 胡蘿蔔
   <u>parrot</u>² 〔'pærət 〕 *n.*
   鸚鵡

12. **corn**¹ 〔 kɔrn 〕 *n.*
   玉米
   <u>popcorn</u>¹
   〔'pɑp,kɔrn 〕 *n.* 爆米花

13. **let**¹ 〔 lɛt 〕 *v.* 讓
   <u>lettuce</u>² 〔'lɛtɪs 〕
   n. 萵苣

14. **union**³ 〔'junjən 〕 *n.* 聯盟；
   工會
   <u>onion</u>² 〔'ʌnjən 〕 *n.*
   洋蔥

15. **pump**² 〔 pʌmp 〕 *n.* 抽水機
   <u>pumpkin</u>² 〔'pʌmpkɪn 〕 *n.*
   南瓜

16. **tomato**² 〔 tə'meto 〕
   n. 蕃茄
   <u>potato</u>² 〔 pə'teto 〕
   n. 馬鈴薯

17. **nut**² 〔 nʌt 〕 *n.* 堅果
   <u>pea</u>³ 〔 pi 〕 *n.* 豌豆
   <u>peanut</u>² 〔'pi,nʌt 〕 *n.* 花生

18. **apple**¹ 〔'æpl̩ 〕 *n.*
   蘋果
   <u>apple pie</u> 蘋果派

19. **table**¹ 〔'tebl̩ 〕 *n.* 桌子
   <u>vegetable</u>¹ 〔'vɛdʒətəbl̩ 〕 *n.*
   蔬菜

20. **papa**¹ 〔'pɑpə 〕 *n.* 爸爸
   <u>papaya</u>² 〔 pə'paɪə 〕 *n.* 木瓜

自我檢測一下，英文唸一遍，再看中文唸一遍。

Unit 10 Food & drink (I) 食物和飲料

1. **ban**[5]	11. **carrot**[2]	1. 禁止	11. 胡蘿蔔
banana[1]	parrot[2]	香蕉	鸚鵡
2. **ape**[1]	12. **corn**[1]	2. 猿	12. 玉米
grape[2]	popcorn[1]	葡萄	爆米花
3. **man**[1]	13. **let**[1]	3. 男人	13. 讓
mango[2]	lettuce[2]	芒果	萵苣
4. **range**[2]	14. **union**[3]	4. 範圍	14. 聯盟
orange[1]	onion[2]	柳橙	洋蔥
5. **each**[1]	15. **pump**[2]	5. 每個	15. 抽水機
peach[2]	pumpkin[2]	桃子	南瓜
6. **bear**[2,1]	16. **tomato**[2]	6. 忍受；熊	16. 蕃茄
pear[2]	potato[2]	西洋梨	馬鈴薯
7. **pine**[3]	17. **nut**[2]	7. 松樹	17. 堅果
pineapple[2]	pea[3]	鳳梨	豌豆
	peanut[2]		花生
8. **straw**[2]		8. 稻草；吸管	
strawberry[2]	18. **apple**[1]	草莓	18. 蘋果
	apple pie		蘋果派
9. **melon**[2]		9. 甜瓜	
watermelon[2]	19. **table**[1]	西瓜	19. 桌子
	vegetable[1]		蔬菜
10. **cab**		10. 計程車	
cabbage[2]	20. **papa**[1]	甘藍菜；包心菜	20. 爸爸
	papaya[2]		木瓜

Unit 11　Food & drink (II)
食物和飲料

(Unit 11～Unit 20)

1. **beer**[2] 〔 bɪr 〕 *n.* 啤酒
   beef[2] 〔 bif 〕 *n.* 牛肉

2. **read**[1] 〔 rɛd 〕 *v.* 讀【read 的
   過去式、過去分詞】
   bread[1] 〔 brɛd 〕
   n. 麵包

3. **ham**[1] 〔 hæm 〕 *n.* 火腿
   hamburger[2]
   〔'hæmbɝgɚ 〕 *n.* 漢堡
   (= *burger*[2])

4. **real**[1] 〔'riəl 〕 *adj.* 真的
   cereal[2] 〔'sɪrɪəl 〕 *n.* 穀類

5. **French** 〔 frɛntʃ 〕 *adj.* 法國的
   French fries　薯條

6. **dump**[3] 〔 dʌmp 〕 *v.* 傾倒
   dumpling[2] 〔'dʌmplɪŋ 〕 *n.*
   水餃

   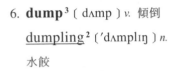

7. **fast**[1] 〔 fæst 〕 *adj.* 快的
   fast food　速食

8. **flower**[1] 〔'flauɚ 〕 *n.* 花
   flour[2] 〔 flaur 〕 *n.* 麵粉
   【音標不同，但發音相同】
   　同音字

9. **noodles** 〔'nudl̩z 〕
   n. pl. 麵
   instant noodles　速食麵

10. **sand**[1] 〔 sænd 〕 *n.* 沙子
    sandwich[2]
    〔'sændwɪtʃ 〕 *n.* 三明治

11. **sea**[1] 〔 si 〕 *n.* 海
    <u>seafood</u> 〔'si,fud 〕 *n.* 海鮮

12. **eat**[1] 〔 it 〕 *v.* 吃
    <u>meat</u>[1] 〔 mit 〕 *n.* 肉

13. **spa** 〔 spɑ 〕 *n.* 水療
    <u>spaghetti</u>[2] 〔 spə'gɛtɪ 〕 *n.*
    義大利麵

14. **fish**[1] 〔 fɪʃ 〕 *n.* 魚
    <u>fisherman</u>[2] 〔'fɪʃəmən 〕 *n.*
    漁夫

15. **soap**[1] 〔 sop 〕 *n.* 肥皂
    <u>soup</u>[1] 〔 sup 〕 *n.* 湯

16. **shrink**[3] 〔 ʃrɪŋk 〕 *v.* 縮水
    <u>shrimp</u>[2] 〔 ʃrɪmp 〕
    n. 蝦子

17. **great**[1] 〔 gret 〕 *adj.* 大的；
    很棒的
    <u>steak</u>[2] 〔 stek 〕 *n.* 牛排
    <u>break</u>[1] 〔 brek 〕 *v.* 打破
    * ea 讀 /e/ 的三個例外字。

18. **dog**[1] 〔 dɔg 〕 *n.* 狗
    <u>hot dog</u> 熱狗

19. **fork**[1] 〔 fɔrk 〕 *n.* 叉子
    <u>pork</u>[2] 〔 pork 〕
    n. 豬肉

20. **lad**[5] 〔 læd 〕 *n.* 年輕人
    <u>salad</u>[2] 〔'sæləd 〕 *n.* 沙拉

自我檢測一下，英文唸一遍，再看中文唸一遍。

Unit 11 Food & drink (II) 食物和飲料

1. **beer**[2]	11. **sea**[1]	1. 啤酒	11. 海
beef[2]	seafood	牛肉	海鮮
2. **read**[1]	12. **eat**[1]	2. 讀	12. 吃
bread[1]	meat[1]	麵包	肉
3. **ham**[1]	13. **spa**	3. 火腿	13. 水療
hamburger[2]	spaghetti[2]	漢堡	義大利麵
4. **real**[1]	14. **fish**[1]	4. 眞的	14. 魚
cereal[2]	fisherman[2]	穀類	漁夫
5. **French**	15. **soap**[1]	5. 法國的	15. 肥皂
French fries	soup[1]	薯條	湯
6. **dump**[3]	16. **shrink**[3]	6. 傾倒	16. 縮水
dumpling[2]	shrimp[2]	水餃	蝦子
7. **fast**[1]	17. **great**[1]	7. 快的	17. 大的；很棒的
fast food	steak[2]	速食	牛排
	break[1]		打破
8. **flower**[1]		8. 花	
flour[2]	18. **dog**[1]	麵粉	18. 狗
	hot dog		熱狗
9. **noodles**		9. 麵	
instant noodles	19. **fork**[1]	速食麵	19. 叉子
	pork[2]		豬肉
10. **sand**[1]		10. 沙子	
sandwich[2]	20. **lad**[5]	三明治	20. 年輕人
	salad[2]		沙拉

Unit 12 Food & drink (III)
食物和飲料

1. **breakup**[6] 〔'brek‚ʌp〕 *n.* 分手
   breakfast[1] 〔'brɛkfəst 〕 *n.*
   早餐

2. **meal**[2] 〔 mil 〕 *n.* 一餐
   oatmeal[5] 〔'ot‚mil〕 *n.* 燕麥片

3. **dine**[3] 〔 daɪn 〕 *v.* 用餐 (= *eat*[1])
   diner 〔'daɪnɚ 〕 *n.* 用餐者
   dinner[1] 〔'dɪnɚ 〕 *n.* 晚餐

4. **snake**[1] 〔 snek 〕 *n.* 蛇
   snack[2] 〔 snæk 〕
   n. 點心

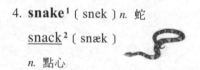

5. **upper**[2] 〔'ʌpɚ 〕 *adj.* 上面的
   supper[1] 〔'sʌpɚ 〕 *n.* 晚餐

6. **coffee**[1] 〔'kɔfɪ 〕 *n.* 咖啡
   café[2] 〔 kə'fe 〕
   n. 咖啡店

7. **lunch**[1] 〔 lʌntʃ 〕 *n.* 午餐
   brunch[2] 〔 brʌntʃ 〕 *n.* 早午餐

8. **Coke**[1] 〔 kok 〕 *n.*
   可口可樂
   Coca-Cola
   〔‚kokə'kolə 〕 *n.* 可口可樂

   同義字

9. **rink** 〔 rɪŋk 〕 *n.* (室內) 溜冰場
   drink[1] 〔 drɪŋk 〕 *n.* 飲料
   v. 喝

10. **ice**[1] 〔 aɪs 〕 *n.* 冰
    ice cream 冰淇淋

11. **juice**[1] 〔 dʒus 〕 *n.* 果汁

  juice[2] 〔'dʒusɪ 〕 *adj.* 多汁的

16. **can**[1] 〔 kæn 〕 *n.* 罐頭　*aux.* 能夠

  candy[1] 〔'kændɪ 〕 *n.* 糖果

12. **liquor**[4] 〔'lɪkɚ 〕 *n.* 烈酒

  liquid[2] 〔'lɪkwɪd 〕 *n.* 液體

17. **cheese**[3] 〔 tʃiz 〕 *n.* 起司

  cheese cake　起司蛋糕

13. **milk**[1] 〔 mɪlk 〕 *n.* 牛奶

  milk shake　奶昔

18. **cook**[1] 〔 kʊk 〕 *v.* 做菜

  cookie[1] 〔'kʊkɪ 〕

  n. 餅乾

14. **dough**[5] 〔 do 〕 *n.* 麵糰

  【注意發音】

  doughnut[2] 〔'do,nʌt 〕 *n.*

  甜甜圈

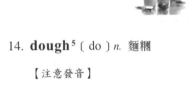

19. **soda**[1] 〔'sodə 〕 *n.* 汽水

  panda[2] 〔'pændə 〕 *n.* 貓熊

20. **honey**[2] 〔'hʌnɪ 〕 *n.*

  蜂蜜

  honeymoon[4] 〔'hʌnɪ,mun 〕 *n.*

  蜜月旅行

15. **soft**[1] 〔 sɔft 〕 *adj.* 柔軟的

  soft drink　不含酒精的飲料

自我檢測一下，英文唸一遍，再看中文唸一遍。

Unit 12 Food & drink (III) 食物和飲料

1. **breakup**[6]	11. **juice**[1]	1. 分手	11. 果汁
breakfast[1]	juicy[2]	早餐	多汁的
2. **meal**[2]	12. **liquor**[4]	2. 一餐	12. 烈酒
oatmeal[5]	liquid[2]	燕麥片	液體
3. **dine**[3]	13. **milk**[1]	3. 用餐	13. 牛奶
diner	milk shake	用餐者	奶昔
dinner[1]		晚餐	
	14. **dough**[5]		14. 麵糰
4. **snake**[1]	doughnut[2]	4. 蛇	甜甜圈
snack[2]		點心	
	15. **soft**[1]		15. 柔軟的
5. **upper**[2]	soft drink	5. 上面的	不含酒精的
supper[1]		晚餐	飲料
	16. **can**[1]		
6. **coffee**[1]	candy[1]	6. 咖啡	16. 罐頭；能夠
café[2]		咖啡店	糖果
	17. **cheese**[3]		
7. **lunch**[1]	cheese cake	7. 午餐	17. 起司
brunch[2]		早午餐	起司蛋糕
	18. **cook**[1]		
8. **Coke**[1]	cookie[1]	8. 可口可樂	18. 做菜
Coca-Cola		可口可樂	餅乾
	19. **soda**[1]		
9. **rink**	panda[2]	9. (室內)溜冰場	19. 汽水
drink[1]		飲料	貓熊
	20. **honey**[2]		
10. **ice**[1]	honeymoon[4]	10. 冰	20. 蜂蜜
ice cream		冰淇淋	蜜月旅行

Unit 13 Food & drink (IV)
食物和飲料

1. **cream**[2] 〔 krim 〕 *n.* 奶油
   <u>scream</u>[3] 〔 skrim 〕 *v.* 尖叫

2. **moon**[1] 〔 mun 〕 *n.* 月亮
   <u>moon cake</u> 月餅

3. **desert**[2] 〔 dɪˋzɝt 〕 *v.*
   抛棄　〔ˋdɛzɚt 〕 *n.* 沙漠 ⎱ 同
   <u>dessert</u>[2] 〔 dɪˋzɝt 〕 *n.* ⎰ 音字
   甜點

4. **boast**[4] 〔 bost 〕 *v.* 自誇
   <u>toast</u>[2] 〔 tost 〕 *n.*
   吐司；敬酒；乾杯

5. **butter**[1] 〔ˋbʌtɚ 〕 *n.* 奶油
   <u>butterfly</u>[1] 〔ˋbʌtɚˏflaɪ 〕 *n.* 蝴蝶

6. **catch**[1] 〔 kætʃ 〕 *v.* 抓住；
   吸引（注意）
   <u>ketchup</u>[2] 〔ˋkɛtʃəp 〕
   n. 蕃茄醬【注音拼字】

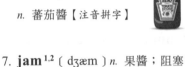

7. **jam**[1,2] 〔 dʒæm 〕 *n.* 果醬；阻塞
   <u>traffic jam</u> 交通阻塞

8. **oil**[1] 〔 ɔɪl 〕 *n.* 油
   <u>boil</u>[2] 〔 bɔɪl 〕 *v.* 沸騰

9. **paper**[1] 〔ˋpepɚ 〕 *n.* 紙；報告
   <u>pepper</u>[2] 〔ˋpɛpɚ 〕 *n.* 胡椒

10. **soybean**[2] 〔ˋsɔɪˏbin 〕
    n. 大豆
    <u>soy sauce</u> 醬油

11. **sugar**[1] 〔ˈʃʊgə 〕 *n.* 糖
    <u>beggar</u>[3] 〔ˈbɛgə 〕 *n.* 乞丐

12. **hunger**[2] 〔ˈhʌŋgə 〕 *n.* 飢餓
    <u>hungry</u>[1] 〔ˈhʌŋgrɪ 〕 *adj.*
    飢餓的

13. **thirst**[3] 〔θɝst 〕 *n.* 口渴
    <u>thirsty</u>[2] 〔ˈθɝstɪ 〕 *adj.* 口渴的

14. **bit**[1] 〔bɪt 〕 *n.* 一點點
    <u>bitter</u>[2] 〔ˈbɪtə 〕 *adj.* 苦的

15. **tummy**[1] 〔ˈtʌmɪ 〕 *n.* 肚子
    <u>yummy</u>[1] 〔ˈjʌmɪ 〕 *adj.*
    好吃的

16. **sour**[1] 〔saʊr 〕 *adj.* 酸的
    <u>sour cream</u> 酸奶油

17. **die**[1] 〔daɪ 〕 *v.* 死
    <u>diet</u>[3] 〔ˈdaɪət 〕 *n.* 飲食

18. **men** 〔mɛn 〕 *n. pl.* 男人
    <u>menu</u>[2] 〔ˈmɛnju 〕 *n.* 菜單

19. **order**[1] 〔ˈɔrdə 〕 *v.* 點菜
    n. 命令；順序
    <u>border</u>[3] 〔ˈbɔrdə 〕 *n.* 邊界

20. **must**[1] 〔mʌst 〕 *aux.* 必須
    <u>mustard</u>[5] 〔ˈmʌstəd 〕 *n.* 芥末

自我檢測一下，英文唸一遍，再看中文唸一遍。

Unit 13 Food & drink (IV) 食物和飲料

1. **cream**[2]	11. **sugar**[1]	1. 奶油	11. 糖
scream[3]	beggar[3]	尖叫	乞丐
2. **moon**[1]	12. **hunger**[2]	2. 月亮	12. 飢餓
moon cake	hungry[1]	月餅	飢餓的
3. **desert**[2]	13. **thirst**[3]	3. 拋棄；沙漠	13. 口渴
dessert[2]	thirsty[2]	甜點	口渴的
4. **boast**[4]	14. **bit**[1]	4. 自誇	14. 一點點
toast[2]	bitter[2]	吐司；敬酒；乾杯	苦的
5. **butter**[1]	15. **tummy**[1]	5. 奶油	15. 肚子
butterfly[1]	yummy[1]	蝴蝶	好吃的
6. **catch**[1]	16. **sour**[1]	6. 抓住；吸引（注意）	16. 酸的
ketchup[2]	sour cream	蕃茄醬	酸奶油
7. **jam**[1,2]	17. **die**[1]	7. 果醬；阻塞	17. 死
traffic jam	diet[3]	交通阻塞	飲食
8. **oil**[1]	18. **men**	8. 油	18. 男人
boil[2]	menu[2]	沸騰	菜單
9. **paper**[1]	19. **order**[1]	9. 紙；報告	19. 點菜
pepper[2]	border[3]	胡椒	邊界
10. **soybean**[2]	20. **must**[1]	10. 大豆	20. 必須
soy sauce	mustard[5]	醬油	芥末

Unit 14 Food, drink & tablewear
食物、飲料及餐具

1. **bowl**[1] 〔 bol 〕 *n.* 碗
   bowling[2] 〔'bolɪŋ 〕 *n.* 保齡球

2. **stick**[2] 〔 stɪk 〕 *n.* 棍子
   v. 刺;黏
   chopsticks[2]
   〔'tʃɑp,stɪks 〕 *n. pl.* 筷子

3. **cup**[1] 〔 kʌp 〕 *n.* 杯子
   cop 〔 kɑp 〕 *n.* 警察

4. **dish**[1] 〔 dɪʃ 〕 *n.* 盤子;菜餚
   radish[5] 〔'rædɪʃ 〕 *n.* 小蘿蔔

5. **glass**[1] 〔 glæs 〕 *n.* 玻璃;玻璃杯
   glasses[1] 〔'glæsɪz 〕
   n. pl. 眼鏡

6. **knife**[1] 〔 naɪf 〕
   n. 刀子
   knight[3] 〔 naɪt 〕
   n. 騎士

7. **nap**[3] 〔 næp 〕 *n.* 小睡
   napkin[2] 〔'næpkɪn 〕 *n.* 餐巾

8. **late**[1] 〔 let 〕 *adj.* 遲到的;
   已故的
   plate[2] 〔 plet 〕
   n. 盤子

9. **sauce**[2] 〔 sɔs 〕 *n.* 醬汁
   saucer[3] 〔'sɔsɚ 〕 *n.* 碟子
   flying saucer 飛碟

   saucer

10. **soon**¹〔 sun 〕*adv.* 不久

  spoon¹〔 spun 〕*n.* 湯匙

11. **salt**¹〔 sɔlt 〕*n.* 鹽

  salty²〔'sɔltɪ〕*adj.* 鹹的

12. **vine**⁵〔 vaɪn 〕

  n. 葡萄藤

  vinegar³〔'vɪnɪgɚ〕*n.* 醋

13. **wine**¹〔 waɪn 〕*n.* 酒;葡萄酒

  wild²〔 waɪld 〕*adj.*

  野生的;瘋狂的

14. **delicious**²〔 dɪ'lɪʃəs 〕*adj.*

  美味的

  precious³〔'prɛʃəs 〕*adj.*

  珍貴的

15. **bake**²〔 bek 〕*v.* 烘烤

  bakery²〔'bekərɪ〕*n.* 麵包店

16. **sweet**¹〔 swit 〕*adj.* 甜的

  sweet potato

  蕃薯

17. **choice**²〔 tʃɔɪs 〕*n.* 選擇

  chocolate²〔'tʃɔkəlɪt 〕*n.*

  巧克力　*adj.* 巧克力的

19. **bun**²〔 bʌn 〕*n.* 小圓麵包

  bundle²

  〔'bʌndl̩〕

  n. 一大堆

18. **chick**¹〔 tʃɪk 〕*n.* 小雞

  chicken¹〔'tʃɪkən〕*n.* 雞;

  雞肉

20. **lemon**²〔'lɛmən 〕*n.* 檸檬

  lemonade²〔‚lɛmən'ed 〕*n.*

  檸檬水

自我檢測一下，英文唸一遍，再看中文唸一遍。

Unit 14 Food, drink & tablewear 食物、飲料及餐具

1. **bowl**[1] bowling[2]	11. **salt**[1] salty[2]	1. 碗 保齡球	11. 鹽 鹹的
2. **stick**[2] chopsticks[2]	12. **vine**[5] vinegar[3]	2. 棍子 筷子	12. 葡萄藤 醋
3. **cup**[1] cop	13. **wine**[1] wild[2]	3. 杯子 警察	13. 酒；葡萄酒 野生的
4. **dish**[1] radish[5]	14. **delicious**[2] precious[3]	4. 盤子；菜餚 小蘿蔔	14. 美味的 珍貴的
5. **glass**[1] glasses[1]	15. **bake**[2] bakery[2]	5. 玻璃；玻璃杯 眼鏡	15. 烘烤 麵包店
6. **knife**[1] knight[3]	16. **sweet**[1] sweet potato	6. 刀子 騎士	16. 甜的 蕃薯
7. **nap**[3] napkin[2]	17. **choice**[2] chocolate[2]	7. 小睡 餐巾	17. 選擇 巧克力
8. **late**[1] plate[2]	18. **bun**[2] bundle[2]	8. 遲到的 盤子	18. 小圓麵包 一大堆
9. **sauce**[2] saucer[3] flying saucer	19. **chick**[1] chicken[1]	9. 醬汁 碟子 飛碟	19. 小雞 雞；雞肉
10. **soon**[1] spoon[1]	20. **lemon**[2] lemonade[2]	10. 不久 湯匙	20. 檸檬 檸檬水

Unit 15 Clothing & accessories (I)
服飾及配件

1. **coat**[1] 〔 kot 〕 *n.* 外套；大衣
   <u>overcoat</u>[3]
   〔'ovɚ,kot 〕 *n.* 大衣

2. **dress**[2] 〔 drɛs 〕 *n.*
   衣服；洋裝
   <u>address</u>[1] 〔 ə'drɛs，
   'ædrɛs 〕 *n.* 地址

3. **Jack** 〔 dʒæk 〕 *n.* 傑克 (男子名)
   <u>jacket</u>[2] 〔'dʒækɪt 〕 *n.*
   夾克

4. **Jean** 〔 dʒin 〕 *n.* 琴
   (女子名)
   <u>jeans</u>[2] 〔 dʒinz 〕 *n. pl.*
   牛仔褲

5. **tie**[1] 〔 taɪ 〕 *n.* 領帶
   v. 綁；打 (結)
   <u>necktie</u>[3] 〔'nɛk,taɪ 〕
   n. 領帶

   同義字

6. **pan**[2] 〔 pæn 〕 *n.* 平底鍋
   <u>pants</u>[1] 〔 pænts 〕
   n. pl. 褲子

7. **rain**[1] 〔 ren 〕 *n.*
   雨　*v.* 下雨
   <u>raincoat</u>
   〔'ren,kot 〕 *n.* 雨衣

8. **shirt**[1] 〔 ʃɝt 〕 *n.* 襯衫
   <u>T-shirt</u>[1] 〔'ti,ʃɝt 〕
   n. T 恤

9. **skirt**[2] 〔 skɝt 〕 *n.* 裙子
   <u>miniskirt</u> 〔'mɪnɪ,skɝt 〕
   n. 迷你裙

10. **suit**[2] 〔 sut 〕 *n.* 西裝
    v. 適合
    <u>swimming suit</u> 泳裝

11. **sweat**[3] 〔swɛt〕*v.* 流汗

    sweater[2] 〔'swɛtɚ〕

    n. 毛衣

12. **trout**[5] 〔traʊt〕*n.*

    鱒魚

    trousers[2] 〔'traʊzɚz〕

    n. pl. 褲子

13. **wear**[1] 〔wɛr〕*v.* 穿；戴；

    磨損；使疲倦

    underwear[2] 〔'ʌndɚ,wɛr〕*n.*

    內衣

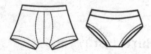

14. **unit**[1] 〔'junɪt〕*n.* 單位

    uniform[2]

    〔'junə,fɔrm〕

    n. 制服

15. **vest**[3] 〔vɛst〕*n.* 背心

    invest[4] 〔ɪn'vɛst〕

    v. 投資

16. **mouse**[1] 〔maʊs〕*n.* 老鼠；

    滑鼠

    blouse[3] 〔blaʊz〕*n.* 女用上衣

17. **bag**[1] 〔bæg〕*n.* 袋子

    baggage[3] 〔'bægɪdʒ〕*n.* 行李

18. **butt** 〔bʌt〕*n.* 煙蒂

    button[2] 〔'bʌtn̩〕*n.*

    按鈕；鈕扣

19. **belt**[2] 〔bɛlt〕*n.* 皮帶

    melt[3] 〔mɛlt〕*v.* 融化

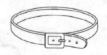

20. **pin**[2] 〔pɪn〕*n.* 別針

    pink[2] 〔pɪŋk〕*adj.* 粉紅色的

自我檢測一下，英文唸一遍，再看中文唸一遍。

Unit 15 Clothing & accessories (I) 服飾及配件

1. coat[1]	11. sweat[3]	1. 外套；大衣	11. 流汗
overcoat[3]	sweater[2]	大衣	毛衣
2. dress[2]	12. trout[5]	2. 衣服；洋裝	12. 鱒魚
address[1]	trousers[2]	地址	褲子
3. Jack	13. wear[1]	3. 傑克	13. 穿；戴
jacket[2]	underwear[2]	夾克	內衣
4. Jean	14. unit[1]	4. 琴	14. 單位
jeans[2]	uniform[2]	牛仔褲	制服
5. tie[1]	15. vest[3]	5. 領帶	15. 背心
necktie[3]	invest[4]	領帶	投資
6. pan[2]	16. mouse[1]	6. 平底鍋	16. 老鼠；滑鼠
pants[1]	blouse[3]	褲子	女用上衣
7. rain[1]	17. bag[1]	7. 雨；下雨	17. 袋子
raincoat	baggage[3]	雨衣	行李
8. shirt[1]	18. butt	8. 襯衫	18. 煙蒂
T-shirt[1]	button[2]	T恤	按鈕；鈕扣
9. skirt[2]	19. belt[2]	9. 裙子	19. 皮帶
miniskirt	melt[3]	迷你裙	融化
10. suit[2]	20. pin[2]	10. 西裝；適合	20. 別針
swimming suit	pink[2]	泳裝	粉紅色的

Unit 16　Clothing & accessories (II)
服飾及配件

1. **cap**[1]〔kæp〕*n.*
   （無邊的）帽子
   <u>capital</u>[3,4]〔'kæpətḷ〕*n.* 首都

2. **contact**[2]〔'kɑntækt〕*n.*
   接觸；聯絡
   <u>contact lenses</u>
   隱形眼鏡

3. **ring**[1]〔rɪŋ〕*n.* 戒指
   v.（鈴）響
   <u>earrings</u>〔'ɪr͵rɪŋz〕
   n. pl. 耳環

4. **love**[1]〔lʌv〕*n. v.*
   愛
   <u>glove</u>[2]〔glʌv〕
   n. 手套

5. **ask**[1]〔æsk〕*v.* 問
   <u>mask</u>[2]〔mæsk〕
   n. 面具

6. **hat**[1]〔hæt〕*n.* 帽子
   <u>hatch</u>[3]〔hætʃ〕*v.* 孵化
   Don't count your chickens
   before they are hatched.
   【諺】雞未孵出來之前，不要算
   有幾隻雞；不要打如意算盤。

7. **neck**[1]〔nɛk〕
   n. 脖子
   <u>necklace</u>[2]
   〔'nɛklɪs〕*n.* 項鍊

8. **pocket**[1]〔'pɑkɪt〕*n.* 口袋
   <u>pocket book</u> 口袋書

9. **nurse**[1]〔nɝs〕
   n. 護士
   <u>purse</u>[2]〔pɝs〕
   n. 錢包；手提包

10. **scar**[5] 〔 skɑr 〕 *n.*
疤痕
<u>scarf</u>[3] 〔 skɑrf 〕
n. 圍巾

15. **almond**[2] 〔'æmənd 〕 *n.* 杏仁
<u>diamond</u>[2] 〔'daɪəmənd 〕 *n.* 鑽石

11. **socks**[2] 〔 sɑks 〕 *n. pl.* 短襪
<u>socket</u>[4] 〔'sɑkɪt 〕 *n.* 插座

socks   socket

16. **gold**[1] 〔 gold 〕 *n.* 黃金
<u>golden</u>[2] 〔'goldn̩ 〕 *adj.* 金色的;
金製的

17. **sandal**[5] 〔'sændl̩ 〕 *n.* 涼鞋
<u>scandal</u>[5]
〔'skændl̩ 〕 *n.* 醜聞

12. **iron**[1] 〔'aɪ&n 〕 *n.* 鐵   *v.* 熨燙
<u>irony</u>[6] 〔'aɪrənɪ 〕 *n.* 諷刺

18. **robe**[3] 〔 rob 〕 *n.* 長袍
<u>robot</u>[1] 〔'robət 〕 *n.* 機器人

13. **villa**[6] 〔'vɪlə 〕 *n.* 別墅
<u>umbrella</u>[2]
〔 ʌm'brɛlə 〕
n. 雨傘

14. **toilet**[2] 〔'tɔɪlɪt 〕 *n.* 廁所
<u>wallet</u>[2] 〔'wɑlɪt 〕 *n.* 皮夾

19. **root**[1] 〔 rut 〕 *n.* 根
<u>boot</u>[3] 〔 but 〕 *n.* 靴子

20. **fit**[2] 〔 fɪt 〕 *v.* 適合
<u>outfit</u>[6] 〔'aʊt͵fɪt 〕 *n.* 服裝

自我檢測一下，英文唸一遍，再看中文唸一遍。

Unit 16 Clothing & accessories (II) 服飾及配件

1. **cap**[1]	11. **socks**[2]	1.（無邊的）帽子	11. 短襪
capital[3,4]	socket[4]	首都	插座
2. **contact**[2]	12. **iron**[1]	2. 接觸；聯絡	12. 鐵
contact lenses	irony[6]	隱形眼鏡	諷刺
3. **ring**[1]	13. **villa**[6]	3. 戒指；（鈴）響	13. 別墅
earrings	umbrella[2]	耳環	雨傘
4. **love**[1]	14. **toilet**[2]	4. 愛	14. 廁所
glove[2]	wallet[2]	手套	皮夾
5. **ask**[1]	15. **almond**[2]	5. 問	15. 杏仁
mask[2]	diamond[2]	面具	鑽石
6. **hat**[1]	16. **gold**[1]	6. 帽子	16. 黃金
hatch[3]	golden[2]	孵化	金色的
7. **neck**[1]	17. **sandal**[5]	7. 脖子	17. 涼鞋
necklace[2]	scandal[5]	項鍊	醜聞
8. **pocket**[1]	18. **robe**[3]	8. 口袋	18. 長袍
pocket book	robot[1]	口袋書	機器人
9. **nurse**[1]	19. **root**[1]	9. 護士	19. 根
purse[2]	boot[3]	錢包；手提包	靴子
10. **scar**[5]	20. **fit**[2]	10. 疤痕	20. 適合
scarf[3]	outfit[6]	圍巾	服裝

Unit 17 Sports, interests & hobbies (I)
運動、興趣及嗜好

1. **sport**[1] 〔 sport 〕 *n.* 運動
   <u>sportsman</u>[4] 〔'sportsmən 〕 *n.*
   運動家

2. **bad**[1] 〔 bæd 〕 *adj.* 不好的
   <u>badminton</u>[2]
   〔'bædmɪntən 〕
   n. 羽毛球

3. **bar**[1] 〔 bɑr 〕 *n.*
   酒吧
   <u>barbecue</u>[2]
   〔'bɑrbɪ,kju 〕
   n. 烤肉

4. **base**[1] 〔 bes 〕 *n.* 基礎；基地
   <u>baseball</u>[1] 〔'bes,bɔl 〕 *n.* 棒球

5. **basket**[1] 〔'bæskɪt 〕 *n.* 籃子
   <u>basketball</u>[1]
   〔'bæskɪt,bɔl 〕
   n. 籃球

6. **dodge**[3] 〔 dɑdʒ 〕
   v. n. 躲避
   <u>dodge ball</u>
   躲避球

7. **bee**[1] 〔 bi 〕 *n.* 蜜蜂
   <u>frisbee</u>
   〔'frɪzbi 〕 *n.* 飛盤

8. **soft**[1] 〔 sɔft 〕 *adj.* 柔軟的
   <u>softball</u> 〔'sɔft,bɔl 〕
   n. 壘球

9. **tennis**[2] 〔'tɛnɪs 〕 *n.* 網球
   <u>table tennis</u>
   桌球

10. **ace**[5] 〔 es 〕 *n.* 一流人才；
（撲克牌的）A
<u>race</u>[1] 〔 res 〕 *n.* 賽跑；種族

11. **lose**[2] 〔 luz 〕 *v.* 輸；遺失
<u>loser</u>[2] 〔'luzɚ 〕 *n.* 失敗者

12. **win**[1] 〔 wɪn 〕 *v.* 贏
<u>winner</u>[2] 〔'wɪnɚ 〕 *n.* 優勝者

13. **golf**[2] 〔 gɑlf ,
gɔlf 〕 *n.* 高爾夫球
<u>gulf</u>[4] 〔 gʌlf 〕 *n.* 海灣

14. **bicycle**[1] 〔'baɪsɪkl̩ 〕 *n.* 腳踏車
<u>bicycle riding</u>　騎腳踏車

15. **camp**[1] 〔 kæmp 〕 *v.* 露營
<u>campus</u>[3] 〔'kæmpəs 〕 *n.* 校園

16. **movie**[1] 〔'muvɪ 〕 *n.* 電影
<u>movie star</u>　電影明星

17. **music**[1] 〔'mjuzɪk 〕 *n.* 音樂
<u>musician</u>[2] 〔 mju'zɪʃən 〕 *n.*
音樂家

18. **jazz**[2] 〔 dʒæz 〕 *n.* 爵士樂
<u>buzz</u>[3] 〔 bʌz 〕 *v.* 發出嗡嗡聲

19. **violin**[2] 〔͵vaɪə'lɪn 〕 *n.* 小提琴
<u>violinist</u>[5] 〔͵vaɪə'lɪnɪst 〕 *n.*
小提琴手

20. **sail**[1] 〔 sel 〕 *v.* 航行
<u>sailor</u>[2] 〔'selɚ 〕 *n.* 水手

自我檢測一下，英文唸一遍，再看中文唸一遍。

Unit 17 Sports, interests & hobbies (I) 運動、興趣及嗜好

1. **sport**[1] sportsman[4]	11. **lose**[2] loser[2]	1. 運動 運動家	11. 輸；遺失 失敗者
2. **bad**[1] badminton[2]	12. **win**[1] winner[2]	2. 不好的 羽毛球	12. 贏 優勝者
3. **bar**[1] barbecue[2]	13. **golf**[2] gulf[4]	3. 酒吧 烤肉	13. 高爾夫球 海灣
4. **base**[1] baseball[1]	14. **bicycle**[1] bicycle riding	4. 基礎；基地 棒球	14. 腳踏車 騎腳踏車
5. **basket**[1] basketball[1]	15. **camp**[1] campus[3]	5. 籃子 籃球	15. 露營 校園
6. **dodge**[3] dodge ball	16. **movie**[1] movie star	6. 躲避 躲避球	16. 電影 電影明星
7. **bee**[1] frisbee	17. **music**[1] musician[2]	7. 蜜蜂 飛盤	17. 音樂 音樂家
8. **soft**[1] softball	18. **jazz**[2] buzz[3]	8. 柔軟的 壘球	18. 爵士樂 發出嗡嗡聲
9. **tennis**[2] table tennis	19. **violin**[2] violinist[5]	9. 網球 桌球	19. 小提琴 小提琴手
10. **ace**[5] race[1]	20. **sail**[1] sailor[2]	10. 一流人才 賽跑；種族	20. 航行 水手

Unit 18 Sports, interests & hobbies (II)
運動、興趣及嗜好

1. **job**[1] 〔 dʒɑb 〕 *n.* 工作
   jog[2] 〔 dʒɑg 〕 *v.* 慢跑

2. **skate**[3] 〔 sket 〕 *v.* 溜冰
   roller-skate
   〔ˈrolɚ͵sket 〕
   v. 輪式溜冰

3. **stamp**[2] 〔 stæmp 〕 *n.* 郵票
   stamp collecting 集郵

4. **surf**[4] 〔 sɝf 〕 *v.*
   衝浪
   surface[2] 〔ˈsɝfɪs 〕 *n.* 表面

5. **novel**[2] 〔ˈnɑvl̩ 〕 *n.* 小說
   novelist[3] 〔ˈnɑvl̩ɪst 〕 *n.*
   小說家

6. **trip**[1] 〔 trɪp 〕 *n.* 旅行
   v. 絆倒
   travel[2] 〔ˈtrævl̩ 〕
   v. 旅行;行進

7. **sing**[1] 〔 sɪŋ 〕 *v.* 唱歌
   singer[1] 〔ˈsɪŋɚ 〕 *n.*
   歌手

8. **hike**[3] 〔 haɪk 〕 *v.* 健行
   hijack[5] 〔ˈhaɪ͵dʒæk 〕 *v.* 劫 (機)

9. **ski**[3] 〔 ski 〕 *v.* 滑雪
   skill[1] 〔 skɪl 〕 *n.* 技巧

10. **hobby**[2] 〔ˈhɑbɪ 〕 *n.* 嗜好
    lobby[3] 〔ˈlɑbɪ 〕 *n.* 大廳

11. **cart²** 〔 kɑrt 〕 *n.* 手推車

cartoon² 〔 kɑr'tun 〕 *n.* 卡通

12. **chess²** 〔 tʃɛs 〕 *n.* 西洋棋

chest³

〔 tʃɛst 〕

n. 胸部

13. **computer²** 〔 kəm'pjutɚ 〕 *n.* 電腦

computer game 電腦遊戲

14. **drama²** 〔'drɑmə, 'dræmə 〕

n. 戲劇

dramatic³ 〔 drə'mætɪk 〕 *adj.* 戲劇的

15. **pop³** 〔 pɑp 〕 *adj.* 流行的

pop music 流行音樂

16. **fill¹** 〔 fɪl 〕 *v.* 使充滿

film² 〔 fɪlm 〕 *n.* 影片

17. **tar⁵** 〔 tɑr 〕 *n.* 柏油；瀝青；焦油；黑油

guitar² 〔 gɪ'tɑr 〕 *n.* 吉他

18. **pain²** 〔 pen 〕 *n.* 疼痛；痛苦

paint¹ 〔 pent 〕 *v.* 畫；油漆

painting² 〔'pentɪŋ 〕 *n.* 畫

19. **drum²** 〔 drʌm 〕 *n.* 鼓

drunk³ 〔 drʌŋk 〕 *adj.* 喝醉的

20. **musical³** 〔'mjuzɪkḷ 〕 *adj.* 音樂的　*n.* 音樂劇

musical instrument 樂器

自我檢測一下，英文唸一遍，再看中文唸一遍。

Unit 18 Sports, interests & hobbies (II) 運動、興趣及嗜好

1. **job**[1]
jog[2]

2. **skate**[3]
roller-skate

3. **stamp**[2]
stamp collecting

4. **surf**[4]
surface[2]

5. **novel**[2]
novelist[3]

6. **trip**[1]
travel[2]

7. **sing**[1]
singer[1]

8. **hike**[3]
hijack[5]

9. **ski**[3]
skill[1]

10. **hobby**[2]
lobby[3]

11. **cart**[2]
cartoon[2]

12. **chess**[2]
chest[3]

13. **computer**[2]
computer game

14. **drama**[2]
dramatic[3]

15. **pop**[3]
pop music

16. **fill**[1]
film[2]

17. **tar**[5]
guitar[2]

18. **pain**[2]
paint[1]
painting[2]

19. **drum**[2]
drunk[3]

20. **musical**[3]
musical instrument

1. 工作
慢跑

2. 溜冰
輪式溜冰

3. 郵票
集郵

4. 衝浪
表面

5. 小說
小說家

6. 旅行；絆倒
旅行；行進

7. 唱歌
歌手

8. 健行
劫（機）

9. 滑雪
技巧

10. 嗜好
大廳

11. 手推車
卡通

12. 西洋棋
胸部

13. 電腦
電腦遊戲

14. 戲劇
戲劇的

15. 流行的
流行音樂

16. 使充滿
影片

17. 柏油；瀝青
吉他

18. 疼痛；痛苦
畫；油漆
畫

19. 鼓
喝醉的

20. 音樂的
樂器

Unit 19 Houses & apartments (I)
房子及公寓

1. **apart**³ 〔 ə'pɑrt 〕 *adv.* 相隔；
   分開地
   <u>apartment</u>² 〔 ə'pɑrtmənt 〕
   n. 公寓

2. **build**¹ 〔 bɪld 〕 *v.* 建造
   <u>building</u>¹ 〔'bɪldɪŋ 〕 *n.* 建築物

3. **base**¹ 〔 bes 〕 *n.* 基礎；基地
   <u>basement</u>² 〔'besmənt 〕 *n.*
   地下室

4. **house**¹ 〔 haʊs 〕 *n.* 房子
   <u>housework</u>⁴ 〔'haʊs,wɜk 〕 *n.*
   家事
   <u>household</u>⁴ 〔'haʊs,hold 〕
   adj. 家庭的

5. **bath**¹ 〔 bæθ 〕 *n.* 洗澡
   <u>bathroom</u>¹
   〔'bæθ,rum 〕
   n. 浴室；廁所

6. **bed**¹ 〔 bɛd 〕 *n.* 床
   <u>bedroom</u>² 〔'bɛd,rum 〕 *n.* 臥房

7. **dining** 〔'daɪnɪŋ 〕 *n.* 用餐
   <u>dining room</u>
   飯廳

8. **rage**⁴ 〔 redʒ 〕 *n.* 憤怒
   <u>garage</u>²
   〔 gə'rɑʒ 〕
   n. 車庫

9. **garden**¹ 〔'gɑrdn̩ 〕 *n.* 花園
   <u>gardener</u>² 〔'gɑrdn̩ə 〕 *n.* 園丁

10. **yard**² 〔 jɑrd 〕 *n.* 院子
    <u>courtyard</u>⁵ 〔'kort,jɑrd 〕 *n.*
    庭院

11. **stairs**[1] 〔 stɛrz 〕 *n. pl.* 樓梯
    upstairs[1] 〔'ʌp'stɛrz 〕 *adv.*
    到樓上
    downstairs[1] 〔'daʊn'stɛrz 〕
    adv. 到樓下

12. **gate**[2] 〔 get 〕
    n. 大門
    front gate
    大門

    * 「前門」是 front door。

13. **roof**[1] 〔 ruf 〕 *n.* 屋頂
    proof[3] 〔 pruf 〕 *n.* 證據

14. **hall**[2] 〔 hɔl 〕 *n.* 大廳
    hallway[3]
    〔'hɔl,we 〕
    n. 走廊

15. **window**[1] 〔'wɪndo 〕 *n.* 窗戶
    widow[5] 〔'wɪdo 〕 *n.* 寡婦

16. **fence**[2]
    〔 fɛns 〕 *n.*
    籬笆；圍牆

    hence[5] 〔 hɛns 〕 *adv.* 因此
    The grass is always greener
    on the other side of the fence.
    【諺】外國的月亮比較圓。

17. **balance**[3] 〔'bæləns 〕 *n.* 平衡
    balcony[2]
    〔'bælkənɪ 〕
    n. 陽台；包廂

18. **wall**[1] 〔 wɔl 〕 *n.* 牆壁
    walnut[4]
    〔'wɔlnət 〕 *n.* 核桃

19. **draw**[1] 〔 drɔ 〕 *v.* 畫；拉；吸引
    drawer[2] 〔 drɔr 〕 *n.* 抽屜
    * 「畫家」是 painter 或 artist。

20. **door**[1] 〔 dor 〕 *n.* 門
    doorway[5] 〔'dor,we 〕 *n.* 門口

自我檢測一下，英文唸一遍，再看中文唸一遍。

Unit 19 Houses & apartments (I) 房子及公寓

1. **apart**[3]	11. **stairs**[1]	1. 相隔；分開地	11. 樓梯
apartment[2]	upstairs[1]	公寓	到樓上
	downstairs[1]		到樓下
2. **build**[1]		2. 建造	
building[1]	12. **gate**[2]	建築物	12. 大門
	front gate		大門
3. **base**[1]		3. 基礎；基地	
basement[2]	13. **roof**[1]	地下室	13. 屋頂
	proof[3]		證據
4. **house**[1]		4. 房子	
housework[4]	14. **hall**[2]	家事	14. 大廳
household[4]	hallway[3]	家庭的	走廊
5. **bath**[1]	15. **window**[1]	5. 洗澡	15. 窗戶
bathroom[1]	widow[5]	浴室；廁所	寡婦
6. **bed**[1]	16. **fence**[2]	6. 床	16. 籬笆；圍牆
bedroom[2]	hence[5]	臥房	因此
7. **dining**	17. **balance**[3]	7. 用餐	17. 平衡
dining room	balcony[2]	飯廳	陽台；包廂
8. **rage**[4]	18. **wall**[1]	8. 憤怒	18. 牆壁
garage[2]	walnut[4]	車庫	核桃
9. **garden**[1]	19. **draw**[1]	9. 花園	19. 畫；拉
gardener[2]	drawer[2]	園丁	抽屜
10. **yard**[2]	20. **door**[1]	10. 院子	20. 門
courtyard[5]	doorway[5]	庭院	門口

Unit 20 Houses & apartments (II)
房子及公寓

1. **chair**[1] 〔 tʃɛr 〕 *n.* 椅子
   <u>armchair</u>[2]
   〔'ɑrm,tʃɛr 〕 *n.* 扶手椅

2. **bend**[2] 〔 bɛnd 〕 *v.* 彎曲
   <u>bench</u>[2] 〔 bɛntʃ 〕 *n.* 長椅

3. **case**[1] 〔 kes 〕 *n.* 情況；
   例子
   <u>bookcase</u>[2] 〔'bʊk,kes 〕 *n.* 書架

4. **close**[1] 〔 kloz 〕 *v.* 關上
   〔 klos 〕 *adj.* 接近的
   <u>closet</u>[2] 〔'klɑzɪt 〕
   n. 衣櫥

5. **ouch** 〔 aʊtʃ 〕 *interj.* 哎唷
   <u>couch</u>[3]
   〔 kaʊtʃ 〕 *n.*
   長沙發

6. **certain**[1] 〔'sɝtn̩ 〕 *adj.* 確定的
   <u>curtain</u>[2] 〔'kɝtn̩ 〕
   n. 窗簾

7. **desk**[1] 〔 dɛsk 〕 *n.*
   書桌
   <u>desk lamp</u> 枱燈

8. **feeling**[1] 〔'filɪŋ 〕 *n.* 感覺
   <u>ceiling</u>[2]
   〔'silɪŋ 〕 *n.*
   天花板

9. **fault**[2] 〔 fɔlt 〕 *n.* 過錯
   <u>faucet</u>[3] 〔'fɔsɪt 〕 *n.*
   水龍頭

10. **furnish**[4] 〔'fɝnɪʃ 〕 *v.* 裝置家具
    <u>furniture</u>[3] 〔'fɝnɪtʃɚ 〕 *n.* 傢俱

11. **light**[1] 〔 laɪt 〕 *n.* 燈

　　lighten[4] 〔'laɪtn̩ 〕

　　v. 照亮

　　lighthouse[3]

　　〔'laɪt,haʊs 〕 *n.* 燈塔

12. **terror**[4] 〔'tɛrə 〕 *n.* 恐怖

　　mirror[2] 〔'mɪrə 〕

　　n. 鏡子

13. **self**[1] 〔 sɛlf 〕 *n.*

　　自己

　　shelf[2] 〔 ʃɛlf 〕 *n.*

　　架子

14. **sink**[2] 〔 sɪŋk 〕 *n.* 水槽　*v.* 下沉

　　think[1] 〔 θɪŋk 〕 *v.* 想；認為

15. **hang**[2] 〔 hæŋ 〕 *v.* 懸掛

　　hanger[2] 〔'hæŋə 〕 *n.* 衣架

16. **rub**[1] 〔 rʌb 〕 *v.* 摩擦

　　tub[3] 〔 tʌb 〕 *n.* 浴缸

　　(= *bathtub*)

17. **blank**[2] 〔 blæŋk 〕 *adj.* 空白的

　　blanket[3]

　　〔'blæŋkɪt 〕

　　n. 毯子

18. **carp**[5] 〔 kɑrp 〕 *n.* 鯉魚

　　carpet[2] 〔'kɑrpɪt 〕 *n.*

　　地毯

19. **so**[1] 〔 so 〕 *conj.* 所以

　　sofa[1] 〔'sofə 〕 *n.* 沙發

20. **pill**[3] 〔 pɪl 〕 *n.* 藥丸

　　pillow[2] 〔'pɪlo 〕

　　n. 枕頭

自我檢測一下，英文唸一遍，再看中文唸一遍。

Unit 20 Houses & apartments (II) 房子及公寓

1. **chair**[1] armchair[2]	11. **light**[1] lighten[4] lighthouse[3]	1. 椅子 扶手椅	11. 燈 照亮 燈塔
2. **bend**[2] bench[2]	12. **terror**[4] mirror[2]	2. 彎曲 長椅	12. 恐怖 鏡子
3. **case**[1] bookcase[2]	13. **self**[1] shelf[2]	3. 情況；例子 書架	13. 自己 架子
4. **close**[1] closet[2]	14. **sink**[2] think[1]	4. 關上；接近的 衣櫥	14. 水槽 想；認為
5. **ouch** couch[3]	15. **hang**[2] hanger[2]	5. 哎唷 長沙發	15. 懸掛 衣架
6. **certain**[1] curtain[2]	16. **rub**[1] tub[3]	6. 確定的 窗簾	16. 摩擦 浴缸
7. **desk**[1] desk lamp	17. **blank**[2] blanket[3]	7. 書桌 枱燈	17. 空白的 毯子
8. **feeling**[1] ceiling[2]	18. **carp**[5] carpet[2]	8. 感覺 天花板	18. 鯉魚 地毯
9. **fault**[2] faucet[3]	19. **so**[1] sofa[1]	9. 過錯 水龍頭	19. 所以 沙發
10. **furnish**[4] furniture[3]	20. **pill**[3] pillow[2]	10. 裝置家具 傢俱	20. 藥丸 枕頭

Unit 21　Houses & apartments (III)
房子及公寓

(Unit 21～Unit 30)

1. **alarm**² 〔 ə'lɑrm 〕 *n.* 警鈴

   v. 使驚慌

   alarm clock　鬧鐘

2. **soap**¹ 〔 sop 〕 *n.* 肥皂

   soar⁶ 〔 sor 〕

   v. 翱翔；

   （物價）暴漲

3. **tooth**² 〔 tuθ 〕 *n.* 牙齒

   toothbrush 〔 'tuθ,brʌʃ 〕

   n. 牙刷

4. **tower**² 〔 'tauɚ 〕

   n. 塔

   towel² 〔 'tauəl 〕

   n. 毛巾

5. **dress**² 〔 drɛs 〕 *n.* 衣服

   dresser⁵

   〔 'drɛsɚ 〕

   n. 梳妝台

6. **era**⁴ 〔 'ɪrə , 'irə 〕 *n.*

   時代【注意發音】

   camera¹ 〔 'kæmərə 〕

   n. 照相機；攝影機

7. **set**¹ 〔 sɛt 〕 *v.* 設定　*n.* 一套

   cassette²

   〔 kæ'sɛt 〕 *n.*

   卡式錄音帶

   ＊字尾是 ette，重音在最後一個
   　音節上。

8. **air conditioner**³

   〔 'ɛrkən'dɪʃənɚ 〕 *n.* 冷氣機

   air conditioning　空調

9. **fan**³,¹ 〔 fæn 〕 *n.* 風扇；

   迷

   electric fan

   電風扇

   ｝同義字

10. **dry**¹ 〔 draɪ 〕 *adj.* 乾的
　　<u>dryer</u>² 〔'draɪɚ 〕 *n.* 烘乾機
　　(= *drier*)
　　<u>hair dryer</u> 吹風機

dryer　　　　hair dryer

11. **flash**² 〔 flæʃ 〕 *n.*
　　閃光；（光的）閃爍
　　<u>flashlight</u>² 〔'flæʃ,laɪt 〕
　　n. 手電筒；閃光燈

12. **clean**¹ 〔 klin 〕 *adj.* 乾淨的
　　<u>cleanse</u>⁶ 〔 klɛnz 〕 *v.* 使清潔
　　【注意發音】

13. **freeze**³ 〔 friz 〕 *v.* 結冰
　　<u>freezer</u>²
　　〔'frizɚ 〕 *n.* （冰
　　箱的）冷凍庫；
　　冷凍機

14. **heat**¹ 〔 hit 〕 *n.* 熱
　　<u>heater</u>² 〔'hitɚ 〕 *n.* 暖氣機

15. **machine**¹ 〔 mə'ʃin 〕 *n.* 機器
　　<u>washing machine</u> 洗衣機

16. **design**² 〔 dɪ'zaɪn 〕 *v. n.* 設計
　　<u>designer</u>³ 〔 dɪ'zaɪnɚ 〕 *n.* 設計師

17. **even**¹ 〔'ivən 〕 *adv.* 甚至
　　<u>oven</u>² 〔'ʌvən 〕
　　n. 烤箱

18. **radio**¹ 〔'redɪ,o 〕 *n.*
　　收音機；無線電
　　<u>radar</u>³ 〔'redɑr 〕
　　n. 雷達

19. **speaker**² 〔'spikɚ 〕 *n.* 說話者
　　<u>loudspeaker</u>³
　　〔'laʊd'spikɚ 〕
　　n. 擴音器

20. **move**¹ 〔 muv 〕 *v.* 移動；搬家
　　<u>movement</u>¹ 〔'muvmənt 〕 *n.* 動作

自我檢測一下，英文唸一遍，再看中文唸一遍。

Unit 21 Houses & apartments (III) 房子及公寓

1. **alarm**[2]
   alarm clock

2. **soap**[1]
   soar[6]

3. **tooth**[2]
   toothbrush

4. **tower**[2]
   towel[2]

5. **dress**[2]
   dresser[5]

6. **era**[4]
   camera[1]

7. **set**[1]
   cassette[2]

8. **air conditioner**[3]
   air conditioning

9. **fan**[3,1]
   electric fan

10. **dry**[1]
    dryer[2]
    hair dryer

11. **flash**[2]
    flashlight[2]

12. **clean**[1]
    cleanse[6]

13. **freeze**[3]
    freezer[2]

14. **heat**[1]
    heater[2]

15. **machine**[1]
    washing machine

16. **design**[2]
    designer[3]

17. **even**[1]
    oven[2]

18. **radio**[1]
    radar[3]

19. **speaker**[2]
    loudspeaker[3]

20. **move**[1]
    movement[1]

1. 警鈴
   鬧鐘

2. 肥皂
   翱翔；最後

3. 牙齒
   牙刷

4. 塔
   毛巾

5. 衣服
   梳妝台

6. 時代
   照相機

7. 設定；一套
   卡式錄音帶

8. 冷氣機
   空調

9. 風扇；迷
   電風扇

10. 乾的
    烘乾機
    吹風機

11. 閃光；閃爍
    手電筒

12. 乾淨的
    使清潔

13. 結冰
    冷凍庫

14. 熱
    暖氣機

15. 機器
    洗衣機

16. 設計
    設計師

17. 甚至
    烤箱

18. 收音機
    雷達

19. 說話者
    擴音器

20. 移動；搬家
    動作

Unit 22 Houses & apartments (IV)
房子及公寓

1. **stone**¹ 〔 ston 〕 *n.* 石頭
   stove²
   〔 stov 〕 *n.*
   爐子

2. **tape**² 〔 tep 〕 *n.* 錄音帶
   tape recorder
   錄音機

3. **phone**² 〔 fon 〕 *n.* 電話
   telephone²
   〔 'tɛlə,fon 〕
   n. 電話

   同義字

4. **vision**³ 〔 'vɪʒən 〕 *n.* 視力
   television²
   〔 'tɛlə,vɪʒən 〕
   n. 電視 (= *TV*²)

5. **trash**³ 〔 træʃ 〕 *n.*
   垃圾
   trash can 垃圾桶

6. **walk**¹ 〔 wɔk 〕 *v.* 走　*n.* 散步
   walkman
   〔 'wɔlk,mæn 〕
   n. 隨身聽

7. **brick**² 〔 brɪk 〕 *n.* 磚頭
   brisk⁶
   〔 brɪsk 〕
   adj. 輕快的；涼爽的

8. **buck** 〔 bʌk 〕 *n.* 一美元
   bucket³ 〔 'bʌkɪt 〕
   n. 水桶 (= *pail*³)

9. **candle**² 〔 'kændḷ 〕
   n. 蠟燭
   cradle³ 〔 'kredḷ 〕
   n. 搖籃

10. **decorate**² 〔 'dɛkə,ret 〕 *v.* 裝飾
    decoration⁴ 〔,dɛkə'reʃən 〕 *n.*
    裝飾

11. **wave**² 〔 wev 〕 *n.* 波浪
   microwave³
   〔'maɪkrə,wev 〕
   n. 微波
   microwave oven 微波爐

12. **refrigerator**²
   〔 rɪ'frɪdʒə,retɚ 〕 *n.* 冰箱 ｜ 同
   fridge〔 frɪdʒ 〕 *n.* 冰箱 ｜ 義
   【常用】 ｜ 字

13. **six**¹〔 sɪks 〕 *n.* 六
   fix²〔 fɪks 〕 *v.* 修理

14. **hammer**²〔'hæmɚ 〕 *n.* 鐵鎚
   stammer⁶〔'stæmɚ 〕
   n. v. 口吃

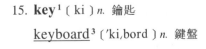

15. **key**¹〔 ki 〕 *n.* 鑰匙
   keyboard³〔'ki,bord 〕 *n.* 鍵盤

16. **mat**²〔 mæt 〕 *n.* 墊子
   mattress⁶〔'mætrɪs 〕 *n.* 床墊

17. **video**²〔'vɪdɪ,o 〕 *n.* 錄影帶；
   影片
   videotape⁵
   〔'vɪdɪo'tep 〕 *n.* 錄影帶

18. **pot**²〔 pɑt 〕 *n.* 鍋子
   teapot〔'ti,pɑt 〕 *n.* 茶壺

19. **paste**²〔 pest 〕 *n.* 漿糊
   toothpaste
   〔'tuθ,pest 〕
   n. 牙膏

20. **gas**¹〔 gæs 〕 *n.* 瓦斯；汽油
   gasoline³〔'gæsḷ,in 〕 *n.* 汽油
   (= *petrol*【英式用法】)

自我檢測一下，英文唸一遍，再看中文唸一遍。

Unit 22 Houses & apartments (IV) 房子及公寓

1. **stone**[1] stove[2]	11. **wave** microwave[3] microwave oven	1. 石頭 爐子	11. 波浪 微波 微波爐
2. **tape**[2] tape recorder	12. **refrigerator**[2] fridge	2. 錄音帶 錄音機	12. 冰箱 冰箱
3. **phone**[2] telephone[2]	13. **six**[1] fix[2]	3. 電話 電話	13. 六 修理
4. **vision**[3] television[2]	14. **hammer**[2] stammer[6]	4. 視力 電視	14. 鐵鎚 口吃
5. **trash**[3] trash can	15. **key**[1] keyboard[3]	5. 垃圾 垃圾桶	15. 鑰匙 鍵盤
6. **walk**[1] walkman	16. **mat**[2] mattress[6]	6. 走；散步 隨身聽	16. 墊子 床墊
7. **brick**[2] brisk[6]	17. **video**[2] videotape[5]	7. 磚頭 輕快的	17. 錄影帶；影片 錄影帶
8. **buck** bucket[3]	18. **pot**[2] teapot	8. 一美元 水桶	18. 鍋子 茶壺
9. **candle**[2] cradle[3]	19. **paste**[2] toothpaste	9. 蠟燭 搖籃	19. 漿糊 牙膏
10. **decorate**[2] decoration[4]	20. **gas**[1] gasoline[3]	10. 裝飾 裝飾	20. 瓦斯；汽油 汽油

Unit 23 School (I) 學校

1. **cheer** [3] 〔 tʃɪr 〕 *v.* 使振作
   <u>cheerleader</u>
   〔'tʃɪrˏlidɚ 〕 *n.*
   啦啦隊隊長

2. **class** [1] 〔 klæs 〕 *n.* 班級
   <u>classmate</u> 〔'klæsˏmet 〕 *n.*
   同班同學
   <u>class leader</u> 班長

3. **principal** [2] 〔'prɪnsəpḷ 〕
   n. 校長　*adj.* 主要的
   <u>principle</u> [2] 〔'prɪnsəpḷ 〕
   n. 原則
   　　　　　　　} 同音字

4. **gym** [3] 〔 dʒɪm 〕 *n.* 健身房；
   體育館
   <u>gymnasium</u> [3]
   〔 dʒɪm'nezɪəm 〕 *n.*
   體育館；健身房
   　　　　　　　} 同義字

5. **play** [1] 〔 ple 〕 *v.* 玩　*n.* 戲劇
   <u>playground</u> [1] 〔'pleˏgraʊnd 〕
   n. 運動場

6. **library** [2] 〔'laɪˏbrɛrɪ 〕 *n.*
   圖書館
   <u>librarian</u> [3] 〔 laɪ'brɛrɪən 〕 *n.*
   圖書館員

7. **see** [1] 〔 si 〕 *v.* 看見
   <u>seesaw</u> [1] 〔'siˏsɔ 〕
   n. 蹺蹺板

8. **wing** [2] 〔 wɪŋ 〕 *n.* 翅膀
   <u>swing</u> [2] 〔 swɪŋ 〕
   n. 鞦韆　*v.* 搖擺

9. **comic** [4] 〔'kɑmɪk 〕 *adj.* 漫畫的
   n. 漫畫書
   <u>atomic</u> [4] 〔 ə'tɑmɪk 〕 *adj.*
   原子的

10. **slide**[2]〔slaɪd〕*n.* 溜滑梯
    v. 滑
    <u>landslide</u>[4]〔'lænd,slaɪd〕*n.*
    山崩

11. **element**[2]〔'ɛləmənt〕*n.* 要素
    <u>elementary</u>[4]〔,ɛlə'mɛntərɪ〕
    adj. 基本的
    <u>elementary school</u> 小學
    (= *primary school*)

12. **junior**[4]〔'dʒunjɚ〕*adj.* 年少的
    <u>junior high school</u> 國中

13. **kin**[5]〔kɪn〕*n.* 親戚【集合名詞】
    <u>kindergarten</u>[2]〔'kɪndɚ,gɑrtn̩〕
    n. 幼稚園【注意拼字】

14. **senior**[4]〔'sinjɚ〕*adj.* 年長的；
    資深的
    <u>senior high school</u> 高中

15. **universe**[3]〔'junə,vɝs〕*n.* 宇宙
    <u>university</u>[4]〔,junə'vɝsətɪ〕*n.*
    大學

16. **knowledge**[2]〔'nɑlɪdʒ〕*n.* 知識
    <u>college</u>[3]〔'kɑlɪdʒ〕
    n. 大學；學院

17. **course**[1]〔kɔrs〕*n.* 課程
    <u>of course</u> 當然

18. **art**[1]〔ɑrt〕*n.* 藝術
    <u>artist</u>[2]〔'ɑrtɪst〕*n.* 藝術家

19. **biology**[4]〔baɪ'ɑlədʒɪ〕*n.*
    生物學
    <u>biological</u>[6]〔,baɪə'lɑdʒɪk̩l〕
    adj. 生物學的

20. **law**[1]〔lɔ〕*n.* 法律
    <u>lawyer</u>[2]〔'lɔjɚ〕*n.* 律師

自我檢測一下，英文唸一遍，再看中文唸一遍。

Unit 23 School (I) 學校

1. cheer [3]
   cheerleader

2. class [1]
   classmate
   class leader

3. principal [2]
   principle [2]

4. gym [3]
   gymnasium [3]

5. play [1]
   playground [1]

6. library [2]
   librarian [3]

7. see [1]
   seesaw [1]

8. wing [2]
   swing [2]

9. comic [4]
   atomic [4]

10. slide [2]
    landslide [4]

11. element [2]
    elementary [4]
    elementary school

12. junior [4]
    junior high school

13. kin [5]
    kindergarten [2]

14. senior [4]
    senior high school

15. universe [3]
    university [4]

16. knowledge [2]
    college [3]

17. course [1]
    of course

18. art [1]
    artist [2]

19. biology [4]
    biological [6]

20. law [1]
    lawyer [2]

1. 使振作
   啦啦隊隊長

2. 班級
   同班同學
   班長

3. 校長
   原則

4. 健身房
   體育館

5. 玩；戲劇
   運動場

6. 圖書館
   圖書館員

7. 看見
   蹺蹺板

8. 翅膀
   鞦韆；搖擺

9. 漫畫的
   原子的

10. 溜滑梯
    山崩

11. 要素
    基本的
    小學

12. 年少的
    國中

13. 親戚
    幼稚園

14. 年長的
    高中

15. 宇宙
    大學

16. 知識
    大學；學院

17. 課程
    當然

18. 藝術
    藝術家

19. 生物學
    生物學的

20. 法律
    律師

Unit 24 School (II) 學校

1. **geography**[2] 〔 dʒɪˈɑgrəfɪ 〕 *n.*
地理學
geometry[5] 〔 dʒɪˈɑmətrɪ 〕 *n.*
幾何學

2. **chemistry**[4] 〔ˈkɛmɪstrɪ 〕 *n.*
化學
biochemistry[6]
〔ˌbaɪoˈkɛmɪstrɪ 〕 *n.* 生物化學

3. **math**[3] 〔 mæθ 〕 *n.* 數學
mathematics[3]
〔ˌmæθəˈmætɪks 〕 *n.* 數學

4. **science**[2] 〔ˈsaɪəns 〕 *n.* 科學
social science 社會科學

5. **PE** 〔ˈpiˈi 〕 *n.* 體育
physical education
體育 〕同義字

6. **physics**[4] 〔ˈfɪzɪks 〕 *n.* 物理學
physicist[4]
〔ˈfɪzəsɪst 〕 *n.*
物理學家

7. **history**[1] 〔ˈhɪstrɪ 〕 *n.* 歷史
historian[3] 〔 hɪsˈtorɪən 〕 *n.*
歷史學家

8. **board**[2] 〔 bord 〕 *n.* 板子
v. 上 (車、船、飛機)
blackboard[2] 〔ˈblækˌbord 〕 *n.*
黑板

9. **talk**[1] 〔 tɔk 〕 *v.* 說話；說服
chalk[2] 〔 tʃɔk 〕
n. 粉筆

10. **on**[1] 〔 ɑn 〕 *prep.* 在…之上
crayon[2] 〔ˈkreən 〕
n. 蠟筆

11. **dial**[2] 〔'daɪəl 〕
v. 撥（號）
<u>diary</u>[2] 〔'daɪərɪ 〕
n. 日記

12. **diction** 〔'dɪkʃən 〕 n. 措辭；
用字遣詞
<u>dictionary</u>[2] 〔'dɪkʃən,ɛrɪ 〕 n.
字典

13. **card**[1] 〔kard 〕 n. 卡片
<u>cardboard</u>[5] 〔'kard,bord 〕 n.
厚紙板

14. **clue**[3] 〔klu 〕 n. 線索
<u>glue</u>[2] 〔glu 〕 n. 膠水

15. **ink**[2] 〔ɪŋk 〕 n. 墨水
<u>wink</u>[3] 〔wɪŋk 〕 v. 眨眼

16. **note**[1] 〔not 〕 n. 筆記 v. 注意
<u>notebook</u>[2] 〔'not,bʊk 〕
n. 筆記本

17. **map**[1] 〔mæp 〕 n. 地圖
<u>mop</u>[3] 〔map 〕 v. 用拖把拖
（地板）

18. **mark**[2] 〔mark 〕 n. 分數
<u>marker</u> 〔'markɚ 〕 n. 麥克筆；
書籤（= *bookmarker*）

19. **pencil**[1] 〔'pɛnsl̩ 〕 n. 鉛筆
<u>pencil box</u> 鉛筆盒
（= *pencil case*）

20. **erase**[3] 〔ɪ'res 〕 v. 擦掉
<u>eraser</u>[2] 〔ɪ'resɚ 〕 n. 橡皮擦

自我檢測一下，英文唸一遍，再看中文唸一遍。

Unit 24 School (II) 學校

1. **geography**[2]	11. **dial**[2]	1. 地理學	11. 撥（號）
geometry[5]	diary[2]	幾何學	日記
2. **chemistry**[4]	12. **diction**	2. 化學	12. 措辭
biochemistry[6]	dictionary[2]	生物化學	字典
3. **math**[3]	13. **card**[1]	3. 數學	13. 卡片
mathematics[3]	cardboard[5]	數學	厚紙板
4. **science**[2]	14. **clue**[3]	4. 科學	14. 線索
social science	glue[2]	社會科學	膠水
5. **PE**	15. **ink**[2]	5. 體育	15. 墨水
physical education	wink[3]	體育	眨眼
6. **physics**[4]	16. **note**[1]	6. 物理學	16. 筆記
physicist[4]	notebook[2]	物理學家	筆記本
7. **history**[1]	17. **map**[1]	7. 歷史	17. 地圖
historian[3]	mop[3]	歷史學家	用拖把拖（地板）
8. **board**[2]		8. 板子	
blackboard[2]	18. **mark**[2]	黑板	18. 分數
	marker		麥克筆
9. **talk**[1]		9. 說話	
chalk[2]	19. **pencil**[1]	粉筆	19. 鉛筆
	pencil box		鉛筆盒
10. **on**[1]		10. 在…之上	
crayon[2]	20. **erase**[3]	蠟筆	20. 擦掉
	eraser[2]		橡皮擦

Unit 25 School (III) 學校

1. **picture**[1]〔'pɪktʃɚ〕*n.* 圖畫；
照片
picturesque[6]〔,pɪktʃə'rɛsk〕
adj. 風景如畫的

2. **present**[2]〔'prɛznt〕*adj.*
出席的　　*n.* 禮物（= *gift*[1]）
represent[3]〔,rɛprɪ'zɛnt〕*v.*
代表

3. **rule**[1]〔rul〕*n.* 規則　*v.* 統治
ruler[2]〔'rulɚ〕*n.* 統治者；尺

4. **text**[3]〔tɛkst〕*n.* 內文
textbook[2]〔'tɛkst,bʊk〕*n.*
教科書

5. **work**[1]〔wɝk〕*n.* 工作；作品
v. 起作用
workbook〔'wɝk,bʊk〕*n.*
作業簿

6. **behave**[3]〔bɪ'hev〕*v.* 行為舉止
behavior[4]〔bɪ'hevjɚ〕*n.* 行為

7. **explain**[2]〔ɪk'splen〕*v.* 解釋
explanation[4]〔,ɛksplə'neʃən〕
n. 解釋

8. **fail**[2]〔fel〕*v.* 失敗；不及格
failure[2]〔'feljɚ〕*n.* 失敗

9. **converse**[4]〔kən'vɝs〕*v.* 談話
conversation[2]〔,kɑnvɚ'seʃən〕
n. 對話

10. **prepare**[1] 〔 prɪ'pɛr 〕 *v.* 準備
compare[2] 〔 kəm'pɛr 〕 *v.*
比較;比喻

11. **announce**[3] 〔 ə'naʊns 〕 *v.*
宣佈
pronounce[2] 〔 prə'naʊns 〕 *v.*
發音

12. **punish**[2] 〔'pʌnɪʃ 〕 *v.* 處罰
punishment[2] 〔'pʌnɪʃmənt 〕
n. 處罰

13. **repeat**[2] 〔 rɪ'pit 〕 *v.* 重複
repetition[4] 〔ˌrɛpɪ'tɪʃən 〕 *n.*
重複

14. **view**[1] 〔 vju 〕 *n.* 景色;看法
review[2] 〔 rɪ'vju 〕 *v.* 復習

15. **exam**[1] 〔 ɪg'zæm 〕 *n.* 考試
example[1] 〔 ɪg'zæmpl̩ 〕 *n.* 例子

16. **line**[1] 〔 laɪn 〕 *n.* 線;行
underline[5] 〔ˌʌndɚ'laɪn 〕 *v.*
在…畫底線

Underline

17. **stand**[1] 〔 stænd 〕 *v.* 站著;
忍受;位於
understand[1] 〔ˌʌndɚ'stænd 〕
v. 了解

18. **bet**[2] 〔 bɛt 〕 *v.* 打賭
alphabet[2] 〔'ælfəˌbɛt 〕 *n.*
字母系統

ABCDEFG
HIJKLMN
OPQRSTU
VWXYZ

19. **listen**[1] 〔'lɪsn̩ 〕 *v.* 聽
glisten[6] 〔'glɪsn̩ 〕 *v.* 閃爍

20. **tea**[1] 〔 ti 〕 *n.* 茶
team[2] 〔 tim 〕
n. 隊伍
adj. 團隊的

自我檢測一下，英文唸一遍，再看中文唸一遍。

Unit 25 School (Ⅲ) 學校

1. picture[1] picturesque[6]	11. announce[3] pronounce[2]	1. 圖畫；照片 風景如畫的	11. 宣佈 發音
2. present[2] represent[3]	12. punish[2] punishment[2]	2. 出席的 代表	12. 處罰 處罰
3. rule[1] ruler[2]	13. repeat[2] repetition[4]	3. 規則 統治者；尺	13. 重複 重複
4. text[3] textbook[2]	14. view[1] review[2]	4. 內文 教科書	14. 景色；看法 復習
5. work[1] workbook	15. exam[1] example[1]	5. 工作；作品 作業簿	15. 考試 例子
6. behave[3] behavior[4]	16. line[1] underline[5]	6. 行為舉止 行為	16. 線；行 在…畫底線
7. explain[2] explanation[4]	17. stand[1] understand[1]	7. 解釋 解釋	17. 站著；忍受 了解
8. fail[2] failure[2]	18. bet[2] alphabet[2]	8. 失敗 失敗	18. 打賭 字母系統
9. converse[4] conversation[2]	19. listen[1] glisten[6]	9. 談話 對話	19. 聽 閃爍
10. prepare[1] compare[2]	20. tea[1] team[2]	10. 準備 比較；比喻	20. 茶 隊伍

Unit 26 School (IV) 學校

1. **exercise**[2] (ˈɛksə‚saɪz) v. n.
   運動
   <u>precise</u>[4] (prɪˈsaɪs) adj. 精確的

2. **final**[1] (ˈfaɪnl̩) adj. 最後的
   <u>finally</u>[1] (ˈfaɪnlɪ) adv. 最後；終於

3. **grade**[2] (gred) n. 成績
   <u>upgrade</u>[6] (ˈʌpˈgred) v. 使升級

4. **home**[1] (hom) n. 家
   <u>homework</u>[1] (ˈhom‚wɝk) n.
   功課

5. **less**[1] (lɛs) adj. 較少的
   <u>lesson</u>[1] (ˈlɛsn̩) n. 課；教訓

6. **core**[6] (kor) n. 核心
   <u>score</u>[2] (skor) n. 分數

7. **poem**[2] (ˈpo‧ɪm) n. 詩
   <u>poet</u>[2] (ˈpo‧ɪt) n. 詩人

8. **quest**[5] (kwɛst) n. 追求；
   尋求
   <u>question</u>[1] (ˈkwɛstʃən) n.
   問題

9. **quick**[1] (kwɪk) adj. 快的
   <u>quiz</u>[2] (kwɪz) n. 小考

10. **seminar**[6] (ˈsɛmə‚nɑr) n.
    研討會
    <u>semester</u>[2] (səˈmɛstɚ) n.
    學期

11. **store**[1] 〔 stor 〕 *n.* 商店
    v. 儲存
    <u>story</u>[1] 〔'storɪ 〕 *n.* 故事；
    短篇小說

12. **test**[2] 〔 tɛst 〕 *n.* 測驗
    <u>contest</u>[4] 〔'kɑntɛst 〕 *n.* 比賽

13. **February**[1] 〔'fɛbru‚ɛrɪ 〕 *n.*
    二月
    <u>vocabulary</u>[2] 〔 və'kæbjə‚lɛrɪ 〕
    n. 字彙

14. **cord**[4] 〔 kɔrd 〕 *n.* 細繩
    <u>record</u>[2] 〔 rɪ'kɔrd 〕 *v.* 記錄
    〔'rɛkəd 〕 *n.* 紀錄

15. **point**[1] 〔 pɔɪnt 〕 *n.* 點
    <u>appoint</u>[4] 〔 ə'pɔɪnt 〕 *v.* 指派

16. **say**[1] 〔 se 〕 *v.* 說
    <u>saying</u> 〔'se‧ɪŋ 〕 *n.* 諺語

17. **speak**[1] 〔 spik 〕
    v. 說
    <u>speech</u>[1] 〔 spitʃ 〕
    n. 演講

18. **learn**[1] 〔 lɜn 〕 *v.* 學習
    <u>learning</u>[4] 〔'lɜnɪŋ 〕 *n.* 學習；
    學問

19. **news**[1] 〔 njuz 〕 *n.* 新聞；消息
    <u>newspaper</u>[1] 〔'njuz‚pepɚ 〕 *n.*
    報紙

20. **practice**[1] 〔'præktɪs 〕 *v. n.*
    練習
    <u>practical</u>[3] 〔'præktɪkḷ 〕 *adj.*
    實際的

自我檢測一下，英文唸一遍，再看中文唸一遍。

Unit 26 School (IV) 學校

1. **exercise**[2]	11. **store**[1]	1. 運動	11. 商店
precise[4]	story[1]	精確的	故事
2. **final**[1]	12. **test**[2]	2. 最後的	12. 測驗
finally	contest[4]	最後；終於	比賽
3. **grade**[2]	13. **February**[1]	3. 成績	13. 二月
upgrade[6]	vocabulary[2]	使升級	字彙
4. **home**[1]	14. **cord**[4]	4. 家	14. 細繩
homework[1]	record[2]	功課	記錄；紀錄
5. **less**[1]	15. **point**[1]	5. 較少的	15. 點
lesson[1]	appoint[4]	課；教訓	指派
6. **core**[6]	16. **say**[1]	6. 核心	16. 說
score[2]	saying	分數	諺語
7. **poem**[2]	17. **speak**[1]	7. 詩	17. 說
poet[2]	speech[1]	詩人	演講
8. **quest**[5]	18. **learn**[1]	8. 追求；尋求	18. 學習
question[1]	learning[4]	問題	學習；學問
9. **quick**[1]	19. **news**[1]	9. 快的	19. 新聞；消息
quiz[2]	newspaper[1]	小考	報紙
10. **seminar**[6]	20. **practice**[1]	10. 研討會	20. 練習
semester[2]	practical[3]	學期	實際的

Unit 27 Places & locations (I)
地點及場所

1. **position**[1] 〔 pə'zıʃən 〕 *n.* 位置
   composition[4] 〔ˌkɑmpə'zıʃən 〕
   n. 作文

2. **ward**[5] 〔 wɔrd 〕 *n.* 病房；囚房
   v. 躲避
   backward[2] 〔'bækwəd 〕 *adv.* 向後

3. **center**[1] 〔'sɛntə 〕 *n.* 中心
   (= *centre*【英式用法】)
   central[2] 〔'sɛntrəl 〕 *adj.* 中央的

4. **front**[1] 〔 frʌnt 〕 *n.* 前面
   confront[5] 〔 kən'frʌnt 〕 *v.* 面對；
   使面對

5. **right**[1] 〔 raɪt 〕 *adj.* 對的；右邊的
   n. 權利；右邊
   upright[5] 〔'ʌpˌraɪt 〕 *adj.* 直立的

6. **top**[1] 〔 tɑp 〕 *n.* 頂端
   topic[2] 〔'tɑpɪk 〕 *n.* 主題

7. **east**[1] 〔 ist 〕 *n.* 東方
   eastern[2] 〔'istən 〕 *adj.*
   東方的

8. **west**[1] 〔 wɛst 〕 *n.* 西方
   western[2] 〔'wɛstən 〕 *adj.*
   西方的

9. **south**[1] 〔 sauθ 〕 *n.* 南方
   southern[2] 〔'sʌðən 〕 *adj.*
   南方的

10. **north**[1] 〔 nɔrθ 〕 *n.* 北方
    northern[2] 〔'nɔrðən 〕 *adj.*
    北方的

11. **teach**[1] 〔 titʃ 〕 *v.* 教
    beach[1] 〔 bitʃ 〕 *n.* 海灘

12. **bank**[1] 〔 bæŋk 〕 *n.* 銀行
bankrupt[4] 〔 ˈbæŋkrʌpt 〕 *adj.*
破產的

13. **cafe**[2] 〔 kəˈfe 〕 *n.* 咖啡店
(= *café*[2])
cafeteria[2] 〔ˌkæfəˈtɪrɪə 〕 *n.*
自助餐廳

14. **convenience**[4] 〔 kənˈvinjəns 〕
n. 方便
convenience store 便利商店

15. **depart**[4] 〔 dɪˈpɑrt 〕 *v.* 離開
department[2] 〔 dɪˈpɑrtmənt 〕
n. 部門;系
department store 百貨公司

16. **drug**[2] 〔 drʌg 〕 *n.* 藥
drugstore[2] 〔ˈdrʌgˌstɔr 〕 *n.*
藥房

17. **fact**[1] 〔 fækt 〕 *n.* 事實
factory[1] 〔ˈfæktrɪ 〕 *n.* 工廠

18. **fast-food** 〔ˈfæstˌfud 〕 *adj.*
速食的
fast-food restaurant 速食店

19. **fire**[1] 〔 faɪr 〕 *n.* 火
fire station 消防局

20. **ranch**[5] 〔 ræntʃ 〕 *n.* 牧場
branch[2] 〔 bræntʃ 〕 *n.* 分店;
樹枝

自我檢測一下，英文唸一遍，再看中文唸一遍。

Unit 27 Places & locations (I) 地點及場所

1. **position**[1]	11. **teach**[1]	1. 位置	11. 教
composition[4]	beach[1]	作文	海灘
2. **ward**[5]	12. **bank**[1]	2. 病房	12. 銀行
backward[2]	bankrupt[4]	向後	破產的
3. **center**[1]	13. **cafe**[2]	3. 中心	13. 咖啡店
central[2]	cafeteria[2]	中央的	自助餐廳
4. **front**[1]	14. **convenience**[4]	4. 前面	14. 方便
confront[5]	convenience store	面對	便利商店
5. **right**[1]	15. **depart**[4]	5. 對的	15. 離開
upright[5]	department[2]	直立的	部門；系
	department store		百貨公司
6. **top**[1]		6. 頂端	
topic[2]	16. **drug**[2]	主題	16. 藥
	drugstore[2]		藥房
7. **east**[1]		7. 東方	
eastern[2]	17. **fact**[1]	東方的	17. 事實
	factory[1]		工廠
8. **west**[1]		8. 西方	
western[2]	18. **fast-food**	西方的	18. 速食的
	fast-food restaurant		速食店
9. **south**[1]		9. 南方	
southern[2]	19. **fire**[1]	南方的	19. 火
	fire station		消防局
10. **north**[1]		10. 北方	
northern[2]	20. **ranch**[5]	北方的	20. 牧場
	branch[2]		分店

Unit 28 Places & locations (II)
地點及場所

1. **flower**[1] 〔'flauɚ 〕 *n.* 花
   <u>flower shop</u>
   花店

2. **hospital**[2] 〔'hɑspɪtl 〕 *n.* 醫院
   <u>hospitalize</u>[6] 〔'hɑspɪtl,aɪz 〕 *v.*
   使住院

3. **hotel**[2] 〔ho'tɛl 〕 *n.* 旅館
   <u>motel</u>[3] 〔mo'tɛl 〕 *n.* 汽車旅館

4. **mall**[3] 〔mɔl 〕 *n.* 購物中心 ⎫
   <u>shopping center</u>   ⎬ 同義字
   購物中心   ⎭

5. **market**[1] 〔'mɑrkɪt 〕 *n.* 市場
   <u>night market</u>
   夜市

6. **theater**[2] 〔'θiətɚ 〕 *n.* ⎫
   電影院   ⎬ 同義字
   <u>movie theater</u> 電影院   ⎭

7. **muse**[5] 〔mjuz 〕 *v.* 沉思
   n. 創作靈感
   <u>museum</u>[2] 〔mju'ziəm 〕 *n.*
   博物館

8. **office**[1] 〔'ɔfɪs 〕 *n.* 辦公室
   <u>officer</u>[1] 〔'ɔfəsɚ 〕 *n.* 警官

9. **park**[1] 〔pɑrk 〕 *n.* 公園
   v. 停車
   <u>parking lot</u>
   停車場

10. **post²** 〔 post 〕 *n.* 郵政
   v. 郵寄

   post office
   郵局

11. **police¹** 〔 pəˋlis 〕 *n.* 警察；警方
   police station 警察局

12. **rest¹** 〔 rɛst 〕 *v. n.* 休息
   restroom² 〔ˋrɛst͵rum 〕 *n.*
   洗手間；廁所
   (= *rest room²*)

13. **shop¹** 〔 ʃɑp 〕 *n.* 商店 (= *store¹*)
   shoplift⁶
   〔ˋʃɑp͵lɪft 〕 *v.*
   順手牽羊

14. **stationery⁶** 〔ˋsteʃən͵ɛrɪ 〕 *n.*
   文具
   stationery store 文具店
   (= *stationer*)

15. **super¹** 〔ˋsupɚ 〕 *adj.* 極好的；
   超級的
   supermarket²
   〔ˋsupɚ͵mɑrkɪt 〕 *n.* 超級市場

16. **temple²**
   〔ˋtɛmpl̩ 〕 *n.*
   寺廟

   temper³ 〔ˋtɛmpɚ 〕 *n.* 脾氣

17. **water¹** 〔ˋwɔtɚ 〕 *n.*
   水 *v.* 給…澆水
   waterfall² 〔ˋwɔtɚ͵fɔl 〕 *n.* 瀑布

18. **country¹** 〔ˋkʌntrɪ 〕 *n.* 鄉下；
   國家
   countryside² 〔ˋkʌntrɪ͵saɪd 〕
   n. 鄉間

19. **town¹** 〔 taʊn 〕 *n.* 城鎮
   downtown² 〔ˋdaʊnˋtaʊn 〕
   adv. 到市中心 *n.* 市中心

20. **farm¹** 〔 fɑrm 〕 *n.* 農田
   farmer¹ 〔ˋfɑrmɚ 〕
   n. 農夫

自我檢測一下，英文唸一遍，再看中文唸一遍。

Unit 28 Places & locations (II) 地點及場所

1. **flower**[1] flower shop	11. **police**[1] police station	1. 花 花店	11. 警察；警方 警察局
2. **hospital**[2] hospitalize[6]	12. **rest**[1] restroom[2]	2. 醫院 使住院	12. 休息 洗手間；廁所
3. **hotel**[2] motel[3]	13. **shop**[1] shoplift[6]	3. 旅館 汽車旅館	13. 商店 順手牽羊
4. **mall**[3] shopping center	14. **stationery**[6] stationery store	4. 購物中心 購物中心	14. 文具 文具店
5. **market**[1] night market	15. **super**[1] supermarket[2]	5. 市場 夜市	15. 極好的 超級市場
6. **theater**[2] movie theater	16. **temple**[2] temper[3]	6. 電影院 電影院	16. 寺廟 脾氣
7. **muse**[5] museum[2]	17. **water**[1] waterfall[2]	7. 沉思 博物館	17. 水 瀑布
8. **office**[1] officer[1]	18. **country**[1] countryside[2]	8. 辦公室 警官	18. 鄉下；國家 鄉間
9. **park**[1] parking lot	19. **town**[1] downtown[2]	9. 公園 停車場	19. 城鎮 到市中心
10. **post**[2] post office	20. **farm**[1] farmer[1]	10. 郵政 郵局	20. 農田 農夫

Unit 29 Transportation (I) 交通運輸

1. **plane**¹ 〔 plen 〕 *n.* 飛機
   airplane¹ 〔'ɛr͵plen 〕 *n.*
   飛機
   〉同義字

5. **peep**³ 〔 pip 〕 *v.* 偷窺
   jeep² 〔 dʒip 〕 *n.* 吉普車

2. **ambition**³ 〔 æm'bɪʃən 〕 *n.*
   抱負
   ambulance⁶
   〔'æmbjələns 〕
   n. 救護車

6. **motor**³ 〔'motɚ 〕 *n.* 馬達
   motorcycle² 〔'motɚ͵saɪkl̩ 〕
   n. 摩托車

7. **tan**⁵ 〔 tæn 〕 *n.* (皮膚經日曬
   而成的) 褐色
   tank² 〔 tæŋk 〕 *n.* 油箱；坦克車

3. **oat** 〔 ot 〕 *n.* 燕麥
   boat¹ 〔 bot 〕 *n.* 船

4. **chop**³ 〔 tʃɑp 〕 *v.* 砍；剁碎
   chopper 〔'tʃɑpɚ 〕 *n.*
   直昇機
   helicopter⁴ 〔'hɛlɪ͵kɑptɚ 〕
   n. 直昇機
   〉同義字

8. **tax**³ 〔 tæks 〕 *n.* 稅
   taxi¹ 〔'tæksɪ 〕 *n.* 計程車
   (= *cab*)

9. **train**¹ 〔 tren 〕 *n.* 火車
   v. 訓練
   trainer 〔'trenɚ 〕 *n.* 訓練者

10. **tuck**[5] 〔 tʌk 〕 *v.* 捲起 (衣袖)
<u>truck</u>[2] 〔 trʌk 〕 *n.* 卡車

11. **air**[1] 〔 ɛr 〕 *n.* 空氣
<u>airlines</u>[2] 〔 'ɛr‚laɪnz 〕 *n.* 航空公司

12. **port**[2] 〔 port 〕 *n.* 港口
<u>airport</u>[1] 〔 'ɛr‚port 〕 *n.* 機場

13. **bus**[1] 〔 bʌs 〕 *n.* 公車
<u>bus stop</u> 公車站

14. **station**[1] 〔 'steʃən 〕 *n.* 車站
<u>train station</u> 火車站

15. **lock**[2] 〔 lak 〕 *v. n.* 鎖
<u>block</u>[1] 〔 blak 〕 *n.* 街區

16. **high**[1] 〔 haɪ 〕 *adj.* 高的
<u>highway</u>[2] 〔 'haɪ‚we 〕 *n.* 公路

17. **ridge**[5] 〔 rɪdʒ 〕 *n.* 山脊
<u>bridge</u>[1] 〔 brɪdʒ 〕 *n.* 橋

18. **flat**[2] 〔 flæt 〕 *adj.* 平的
<u>flat tire</u> 洩了氣的輪胎

19. **bomb**[2] 〔 bam 〕 *n.* 炸彈
<u>bomber</u> 〔 'bamɚ 〕 *n.* 轟炸機

20. **rock**[1,2] 〔 rak 〕 *n.* 岩石
v. 搖動
<u>rocket</u>[3] 〔 'rakɪt 〕 *n.* 火箭

自我檢測一下，英文唸一遍，再看中文唸一遍。

Unit 29 Transportation (I) 交通運輸

1. **plane**[1]	11. **air**[1]	1. 飛機	11. 空氣
airplane[1]	airlines[2]	飛機	航空公司
2. **ambition**[3]	12. **port**[2]	2. 抱負	12. 港口
ambulance[6]	airport[1]	救護車	機場
3. **oat**	13. **bus**[1]	3. 燕麥	13. 公車
boat[1]	bus stop	船	公車站
4. **chop**[3]	14. **station**[1]	4. 砍；剁碎	14. 車站
chopper	train station	直昇機	火車站
helicopter[4]		直昇機	
	15. **lock**[2]		15. 鎖
5. **peep**[3]	<u>block</u>[1]	5. 偷窺	街區
jeep[2]		吉普車	
	16. **high**[1]		16. 高的
6. **motor**[3]	highway[2]	6. 馬達	公路
motorcycle[2]		摩托車	
	17. **ridge**[5]		17. 山脊
7. **tan**[5]	bridge[1]	7. 褐色	橋
tank[2]		油箱；坦克車	
	18. **flat**[2]		18. 平的
8. **tax**[3]	flat tire	8. 稅	洩了氣的
taxi[1]		計程車	輪胎
	19. **bomb**[2]		19. 炸彈
9. **train**[1]	bomber	9. 火車	轟炸機
trainer		訓練者	
	20. **rock**[1,2]		20. 岩石
10. **tuck**[5]	rocket[3]	10. 捲起（衣袖）	火箭
truck[2]		卡車	

Unit 30 Transportation (II) 交通運輸

1. **pass**[1] 〔 pæs 〕 v. 經過
   <u>passenger</u>[2] 〔ˊpæsn̩dʒɚ 〕 n. 乘客

2. **path**[2] 〔 pæθ 〕 n. 小徑
   <u>pathetic</u>[6] 〔 pəˊθɛtɪk 〕 adj.
   可憐的

3. **form**[2] 〔 fɔrm 〕 v. 形成　n. 形式
   <u>platform</u>[2] 〔ˊplætˌfɔrm 〕 n. 月台

4. **rail**[5] 〔 rel 〕 n. 欄杆；鐵軌；
   鐵路系統
   <u>railroad</u>[1] 〔ˊrelˌrod 〕 n.
   鐵路
   <u>railway</u>[1] 〔ˊrelˌwe 〕 n.
   鐵路　⎫同義字

5. **traffic**[2] 〔ˊtræfɪk 〕
   n. 交通
   <u>traffic light</u>
   交通號誌燈

6. **side**[1] 〔 saɪd 〕 n. 邊
   <u>sidewalk</u>[2] 〔ˊsaɪdˌwɔk 〕 n.
   人行道

7. **subway**[2] 〔ˊsʌbˌwe 〕 n.
   地下鐵（ = *underground*
   = *MRT*[2] = *metro* 〔ˊmɛtro 〕
   = *tube*[2] 〔 tjub 〕【英式用法】）
   <u>submarine</u>[3] 〔ˊsʌbməˌrin 〕 n.
   潛水艇

8. **overpass**[2] 〔ˊovɚˌpæs 〕 n.
   天橋；高架橋；高架道路
   <u>underpass</u>[4]
   〔ˊʌndɚˌpæs 〕
   n. 地下道

9. **hell**[3] 〔 hɛl 〕 n. 地獄
   <u>wheel</u>[2] 〔 hwil 〕
   n. 輪子

10. **arrive**² 〔ə'raɪv 〕v. 到達
    arrival³ 〔ə'raɪvḷ 〕n. 到達

11. **cross**² 〔krɔs 〕v. 越過
    crossing⁵ 〔'krɔsɪŋ 〕n.
    穿越處

12. **drive**¹ 〔draɪv 〕v. 開車
    driver¹ 〔'draɪvə 〕n. 駕駛人

13. **fly**¹ 〔flaɪ 〕v. 飛　*n.* 蒼蠅
    flight² 〔flaɪt 〕n. 班機

14. **land**¹ 〔lænd 〕v. 降落；登陸
    n. 陸地
    landmark⁴ 〔'lænd,mɑrk 〕n.
    地標

15. **low**¹ 〔lo 〕adj. 低的
    slow¹ 〔slo 〕adj.
    慢的

16. **turn**¹ 〔tɜn 〕v. 轉向　*n.* 輪流
    return¹ 〔rɪ'tɜn 〕v. 返回；歸還
    overturn⁶ 〔,ovə'tɜn 〕v. 打翻；
    推翻

17. **fast**¹ 〔fæst 〕adj. 快的
    fasten³ 〔'fæsṇ 〕v. 繫上

18. **ride**¹ 〔raɪd 〕v. 騎；搭乘
    pride² 〔praɪd 〕n. 驕傲

19. **MRT**² *n.* 捷運 (= *Mass Rapid Transit*)
    HSR *n.* 高鐵 (= *High Speed Rail*)

20. **tunnel**² 〔'tʌnḷ 〕n. 隧道；地道
    channel³ 〔'tʃænḷ 〕n. 頻道；
    海峽

tunnel

自我檢測一下，英文唸一遍，再看中文唸一遍。

Unit 30 Transportation (II) 交通運輸

1. **pass**[1] passenger[2]	11. **cross**[2] crossing[5]	1. 經過 乘客	11. 越過 穿越處
2. **path**[2] pathetic[6]	12. **drive**[1] driver[1]	2. 小徑 可憐的	12. 開車 駕駛人
3. **form**[2] platform[2]	13. **fly**[1] flight[2]	3. 形成 月台	13. 飛；蒼蠅 班機
4. **rail**[5] railroad[1] railway[1]	14. **land**[1] landmark[4]	4. 欄杆；鐵軌 鐵路 鐵路	14. 降落；登陸 地標
5. **traffic**[2] traffic light	15. **ride**[1] <u>pride</u>[2]	5. 交通 交通號誌燈	15. 低的 慢的
6. **side**[1] sidewalk[2]	16. **turn**[1] return[1] overturn[6]	6. 邊 人行道	16. 轉向；輪流 返回；歸還 打翻；推翻
7. **subway**[2] submarine[3]	17. **fast**[1] fasten[3]	7. 地下鐵 潛水艇	17. 快的 繫上
8. **overpass**[2] underpass[4]	18. **low**[1] slow[1]	8. 天橋；高架橋 地下道	18. 騎；搭乘 驕傲
9. **hell**[3] wheel[2]	19. **MRT**[2] HSR	9. 地獄 輪子	19. 捷運 高鐵
10. **arrive**[2] arrival[3]	20. **tunnel**[2] channel[3]	10. 到達 到達	20. 隧道；地道 頻道；海峽

Unit 31　Sizes & measurements (I)
尺寸與度量

（ Unit 31～Unit 40 ）

1. **foot**[1] 〔 fʊt 〕 *n.* 腳；英呎

   <u>barefoot</u>[5]

   〔 ˋbɛrˌfʊt 〕 *adj.*

   光著腳的

2. **gram**[3] 〔 græm 〕 *n.* 公克

   <u>kilogram</u>[3] 〔 ˋkɪləˌgræm 〕 *n.* 公斤

3. **meter**[2] 〔 ˋmitɚ 〕 *n.* 公尺

   <u>centimeter</u>[3] 〔 ˋsɛntəˌmitɚ 〕 *n.*

   公分（ = *centimetre*【英式用法】）

   <u>kilometer</u>[3] 〔 ˋkɪləˌmitɚ 〕 *n.* 公里

   （ = *km* = *kilometre*【英式用法】）

4. **liter**[6] 〔 ˋlitɚ 〕 *n.* 公升

   <u>literal</u>[6] 〔 ˋlɪtərəl 〕 *adj.* 字面的

5. **found** 〔 faʊnd 〕 *v.* 找到

   【find 的過去式、過去分詞】

   <u>pound</u>[2] 〔 paʊnd 〕 *n.* 磅

6. **mile**[1] 〔 maɪl 〕 *n.* 英哩

   <u>smile</u>[1] 〔 smaɪl 〕 *v. n.* 微笑

7. **yard**[2] 〔 jɑrd 〕 *n.* 碼；院子

   <u>yarn</u>[5] 〔 jɑrn 〕

   n. 毛線

8. **circle**[2] 〔 ˋsɝkl̩ 〕 *n.* 圓圈

   <u>circus</u>[3] 〔 ˋsɝkəs 〕 *n.* 馬戲團

9. **angle**[3] 〔 ˋæŋgl̩ 〕 *n.* 角度

   <u>triangle</u>[2] 〔 ˋtraɪˌæŋgl̩ 〕 *n.*

   三角形

   <u>rectangle</u>[2] 〔 ˋrɛktæŋgl̩ 〕 *n.*

   長方形

10. **dot**[2] 〔 dɑt 〕 *n.* 點
<u>shot</u>[1] 〔 ʃɑt 〕 *n.* 射擊；子彈

11. **row**[1] 〔 ro 〕 *n.* 排；列
<u>crow</u>[1,2] 〔 kro 〕 *n.* 烏鴉
v. (公雞) 啼叫

12. **square**[2] 〔 skwɛr 〕 *n.* 正方形；
廣場　*adj.* 平方的
<u>Times Square</u>　時代廣場

13. **light**[1] 〔 laɪt 〕 *adj.* (重量) 輕的
<u>height</u>[2] 〔 haɪt 〕 *n.* 高度

14. **distant**[2] 〔 ˈdɪstənt 〕 *adj.*
遙遠的
<u>distance</u>[2] 〔 ˈdɪstəns 〕 *n.* 距離

15. **size**[1] 〔 saɪz 〕 *n.* 尺寸
<u>prize</u>[2] 〔 praɪz 〕 *n.* 獎；獎品

16. **weigh**[1] 〔 we 〕 *v.* 重…
<u>weight</u>[1] 〔 wet 〕 *n.* 重量

17. **deep**[1] 〔 dip 〕 *adj.* 深的
<u>depth</u>[2] 〔 dɛpθ 〕 *n.* 深度

18. **extra**[2] 〔 ˈɛkstrə 〕 *adj.* 額外的
<u>extraordinary</u>[4]
〔 ɪkˈstrɔrdn̩ˌɛrɪ 〕 *adj.* 不尋常的；
特別的

19. **far**[1] 〔 fɑr 〕 *adj.* 遠的
<u>farther</u>[3] 〔 ˈfɑrðɚ 〕 *adj.* 更遠的

20. **broad**[2] 〔 brɔd 〕 *adj.* 寬的
<u>broadcast</u>[2]
〔 ˈbrɔdˌkæst 〕
v. 廣播；播送

自我檢測一下，英文唸一遍，再看中文唸一遍。

Unit 31 Sizes & measurements (I) 尺寸與度量

1. **foot**[1] barefoot[5]	11. **row**[1] crow[1,2]	1. 腳；英呎 光著腳的	11. 排；列 烏鴉
2. **gram**[3] kilogram[3]	12. **square**[2] Times Square	2. 公克 公斤	12. 正方形；廣場 時代廣場
3. **meter**[2] centimeter[3] kilometer[3]	13. **light**[1] height[2]	3. 公尺 公分 公里	13. （重量）輕的 高度
4. **liter**[6] literal[6]	14. **distant**[2] distance[2]	4. 公升 字面的	14. 遙遠的 距離
5. **found** pound[2]	15. **size**[1] prize[2]	5. 找到 磅	15. 尺寸 獎；獎品
6. **mile**[1] smile[1]	16. **weigh**[1] weight[1]	6. 英哩 微笑	16. 重… 重量
7. **yard**[2] yarn[5]	17. **deep**[1] depth[2]	7. 碼；院子 毛線	17. 深的 深度
8. **circle**[2] circus[3]	18. **extra**[2] extraordinary[4]	8. 圓圈 馬戲團	18. 額外的 不尋常的
9. **angle**[3] triangle[2] rectangle[2]	19. **far**[1] farther[3]	9. 角度 三角形 長方形	19. 遠的 更遠的
10. **dot**[2] shot[1]	20. **broad**[2] broadcast[2]	10. 點 射擊；子彈	20. 寬的 廣播；播送

Unit 32 Sizes & measurements (II)
尺寸與度量

1. **large**[1] 〔 lɑrdʒ 〕 *adj.* 大的
   <u>largely</u>[4] 〔'lɑrdʒlɪ 〕 *adv.* 大部分；
   大多

2. **long**[1] 〔 lɔŋ 〕 *adj.* 長的
   <u>longevity</u>[6] 〔 lɑn'dʒɛvətɪ 〕 *n.*
   長壽；壽命

3. **low**[1] 〔 lo 〕 *adj.* 低的
   <u>glow</u>[3] 〔 glo 〕 *v.* 發光

4. **wide**[1] 〔 waɪd 〕 *adj.* 寬的
   <u>widespread</u>[5] 〔'waɪd'sprɛd 〕
   adj. 普遍的

5. **media**[3] 〔'midɪə 〕 *n. pl.* 媒體
   <u>medium</u>[3] 〔'midɪəm 〕 *adj.* 中等的

6. **plus**[2] 〔 plʌs 〕 *prep.* 加上
   <u>surplus</u>[6] 〔'sɝplʌs 〕 *n.* 剩餘

7. **mine**[2] 〔 maɪn 〕 *n.* 礦坑
   pron. I 的所有格代名詞
   <u>minus</u>[2] 〔'maɪnəs 〕 *prep.* 減

8. **arrow**[2] 〔'æro 〕 *n.* 箭
   <u>narrow</u>[2] 〔'næro 〕 *adj.* 窄的；
   勉強的

9. **short**[1] 〔 ʃɔrt 〕 *adj.* 短的；
   矮的；缺乏的
   <u>shortly</u>[3] 〔'ʃɔrtlɪ 〕 *adv.* 不久
   (= *soon*[1])

10. **maximum**[4] 〔'mæksəməm 〕
    n. 最大量
    <u>minimum</u>[4] 〔'mɪnəməm 〕 *n.*
    最小量

11. **mall**³〔mɔl〕*n.* 購物中心

　　<u>small</u>¹〔smɔl〕*adj.* 小的

12. **strait**⁵〔stret〕*n.* 海峽

　　<u>straight</u>²〔stret〕*adj.*
　　直的 ｝同音字

13. **round**¹〔raʊnd〕*adj.* 圓的

　　n. 回合

　　<u>round table</u> 圓桌

14. **bottle**²〔'bɑtḷ〕*n.* 瓶子

　　<u>bottom</u>¹〔'bɑtəm〕*n.*
　　底部

15. **doze**⁴〔doz〕*v.* 打瞌睡

　　<u>dozen</u>¹〔'dʌzṇ〕*n.* 一打

16. **loaf**²〔lof〕*n.* 一條（麵包）

　　<u>a loaf of bread</u> 一條麵包

17. **pack**²〔pæk〕*v.* 包裝；打包

　　<u>package</u>²〔'pækɪdʒ〕*n.* 包裹；
　　包裝好的商品

18. **pair**¹〔pɛr〕*n.* 一雙

　　<u>repair</u>³〔rɪ'pɛr〕*v.* 修理

19. **piece**¹〔pis〕*n.* 片；張

　　<u>masterpiece</u>⁵〔'mæstɚ͵pis〕
　　n. 傑作

20. **second**¹〔'sɛkənd〕*adj.* 第二的

　　n. 秒

　　<u>secondary</u>³〔'sɛkən͵dɛrɪ〕*adj.*
　　次要的

自我檢測一下，英文唸一遍，再看中文唸一遍。

Unit 32 Sizes & measurements (II) 尺寸與度量

1. **large**[1]
   largely[4]

11. **mall**[3]
    small[1]

2. **long**[1]
   longevity[6]

12. **strait**[5]
    straight[2]

3. **low**[1]
   glow[3]

13. **round**[1]
    round table

4. **wide**[1]
   widespread[5]

14. **bottle**[2]
    bottom[1]

5. **media**[3]
   medium[3]

15. **doze**[4]
    dozen[1]

6. **plus**[2]
   surplus[6]

16. **loaf**[2]
    a loaf of bread

7. **mine**[2]
   minus[2]

17. **pack**[2]
    package[2]

8. **arrow**[2]
   narrow[2]

18. **pair**[1]
    repair[3]

9. **short**[1]
   shortly[3]

19. **piece**[1]
    masterpiece[5]

10. **maximum**[4]
    minimum[4]

20. **second**[1]
    secondary[3]

---

1. 大的
   大部分

11. 購物中心
    小的

2. 長的
   長壽；壽命

12. 海峽
    直的

3. 低的
   發光

13. 圓的；回合
    圓桌

4. 寬的
   普遍的

14. 瓶子
    底部

5. 媒體
   中等的

15. 打瞌睡
    一打

6. 加上
   剩餘

16. 一條（麵包）
    一條麵包

7. 礦坑
   減

17. 包裝；打包
    包裹

8. 箭
   窄的

18. 一雙
    修理

9. 短的；矮的
   不久

19. 片；張
    傑作

10. 最大量
    最小量

20. 第二的；秒
    次要的

Unit 33 Holidays & festivals
假日和節慶

1. **Chinese**〔tʃaɪˈniz〕*adj.* 中國的
   n. 中文；中國人
   <u>Chinese New Year</u> 農曆新年

2. **double**[2]〔ˈdʌbḷ〕*adj.* 兩倍的
   <u>Double Tenth Day</u> 雙十節

3. **festival**[2]〔ˈfɛstəvḷ〕*n.* 節日
   <u>carnival</u>[5]〔ˈkɑrnəvḷ〕*n.*
   嘉年華會

4. **dragon**[2]〔ˈdrægən〕*n.* 龍
   <u>Dragon Boat Festival</u> 端午節

5. **eve**[4]〔iv〕*n.* (節日的) 前夕
   <u>New Year's Eve</u> 除夕

6. **lantern**[2]〔ˈlæntən〕*n.* 燈籠
   <u>Lantern Festival</u> 元宵節

7. **Christ**〔kraɪst〕*n.* 基督
   <u>Christmas</u>[1]
   〔ˈkrɪsməs〕*n.*
   聖誕節 (= *Xmas*)

8. **east**[1]〔ist〕*n.* 東方
   <u>Easter</u>〔ˈistə〕*n.*
   復活節

9. **hallo**〔həˈlo〕*interj.*【英式用
   法】喂！；嗨！(= *hello*[1])
   <u>Halloween</u>〔ˌhæloˈin〕*n.*
   萬聖節前夕

10. **national**[2] 〔'næʃən̩〕 adj.
全國的
national holiday　國定假日

11. **thank**[1] 〔θæŋk〕 v. 感謝
Thanksgiving
Day　感恩節

12. **Valentine** 〔'vælən‚taɪn〕 n.
情人
Valentine's Day　情人節

13. **culture**[2] 〔'kʌltʃɚ〕 n. 文化
agriculture[3] 〔'ægrɪ‚kʌltʃɚ〕
n. 農業

14. **holiday**[1] 〔'hɑlə‚de〕 n. 假日
Holiday Inn　假日飯店

15. **vacation**[2] 〔ve'keʃən〕 n. 假期
vacant[3] 〔'vekənt〕 adj. 空的

16. **moon**[1] 〔mun〕 n. 月亮
Moon Festival　中秋節
(= Mid-Autumn Festival)

17. **father**[1] 〔'fɑðɚ〕 n. 父親
Father's Day　父親節

18. **mother**[1] 〔'mʌðɚ〕 n. 母親
Mother's Day　母親節

19. **teacher**[1] 〔'titʃɚ〕
n. 老師
Teacher's Day
教師節

20. **tradition**[2] 〔trə'dɪʃən〕 n.
傳統
traditional[2] 〔trə'dɪʃən̩〕 adj.
傳統的

自我檢測一下，英文唸一遍，再看中文唸一遍。

Unit 33 Holidays & festivals 假日和節慶

1. **Chinese**
   Chinese New
   Year

2. **double**[2]
   Double Tenth
   Day

3. **festival**[2]
   carnival[5]

4. **dragon**[2]
   Dragon Boat
   Festival

5. **eve**[4]
   New Year's Eve

6. **lantern**[2]
   Lantern Festival

7. **Christ**
   Christmas[1]

8. **east**[1]
   Easter

9. **hallo**
   Halloween

10. **national**[2]
    national holiday

11. **thank**[1]
    Thanksgiving
    Day

12. **Valentine**
    Valentine's
    Day

13. **culture**[2]
    agriculture[3]

14. **holiday**[1]
    Holiday Inn

15. **vacation**[2]
    vacant[3]

16. **moon**[1]
    Moon Festival

17. **father**[1]
    Father's Day

18. **mother**[1]
    Mother's Day

19. **teacher**[1]
    Teacher's Day

20. **tradition**[2]
    traditional[2]

1. 中國的
   農曆新年

2. 兩倍的
   雙十節

3. 節日
   嘉年華會

4. 龍
   端午節

5. 前夕
   除夕

6. 燈籠
   元宵節

7. 基督
   聖誕節

8. 東方
   復活節

9. 喂！；嗨！
   萬聖節前夕

10. 全國的
    國定假日

11. 感謝
    感恩節

12. 情人
    情人節

13. 文化
    農業

14. 假日
    假日飯店

15. 假期
    空的

16. 月亮
    中秋節

17. 父親
    父親節

18. 母親
    母親節

19. 老師
    教師節

20. 傳統
    傳統的

Unit 34 Occupations (I) 職業

1. **actor**[1] (ˈæktɚ) n. 演員
   <u>actress</u>[1] (ˈæktrɪs) n. 女演員

2. **assist**[3] (əˈsɪst) v. 幫助
   <u>assistant</u>[2] (əˈsɪstənt) n. 助手

3. **baby**[1] (ˈbebɪ) n. 嬰兒
   <u>baby-sitter</u>[2] (ˈbebɪˌsɪtɚ) n.
   臨時褓姆

4. **barber**[1] (ˈbɑrbɚ) n. 理髮師
   <u>barbershop</u>[5] (ˈbɑrbɚˌʃɑp) n.
   理髮店

5. **boss**[1] (bɔs) n. 老闆
   <u>loss</u>[2] (lɔs) n. 損失

6. **employ**[3] (ɪmˈplɔɪ) v. 雇用
   <u>employee</u>[3] (ˌɛmplɔɪˈi) n. 員工
   <u>employer</u>[3] (ɪmˈplɔɪɚ) n. 雇主

7. **company**[2] (ˈkʌmpənɪ) n.
   公司；同伴
   <u>accompany</u>[4] (əˈkʌmpənɪ)
   v. 陪伴；伴隨

8. **cook**[1] (kʊk) n. 廚師 v. 做菜
   <u>cooker</u>[2] (ˈkʊkɚ)
   n. 烹調器具

9. **cow**[1] (kaʊ) n. 母牛
   <u>cowboy</u>[1]
   (ˈkaʊˌbɔɪ) n. 牛仔

10. **dental**[6] (ˈdɛntḷ) adj. 牙齒的
    <u>dentist</u>[2] (ˈdɛntɪst) n. 牙醫

11. **diplomat**[4] (ˈdɪpləˌmæt) n.
    外交官
    <u>diplomatic</u>[6] (ˌdɪpləˈmætɪk)
    adj. 外交的；有外交手腕的

12. **dock**³〔dɑk〕*n.* 碼頭
    doctor¹〔ˈdɑktɚ〕*n.* 醫生
    (= *Dr.* = *doc* = *physician*⁴)
    doctrine⁶〔ˈdɑktrɪn〕*n.* 教義

13. **engine**³〔ˈɛndʒən〕*n.* 引擎
    engineer³〔ˌɛndʒəˈnɪr〕*n.*
    工程師

14. **keeper**¹〔ˈkipɚ〕*n.* 看守人；
    管理員
    shopkeeper〔ˈʃɑpˌkipɚ〕*n.*
    商店老闆

15. **guide**¹〔ɡaɪd〕*v.* 引導
    n. 導遊
    tour guide 導遊

16. **fire**¹〔faɪr〕*n.* 火
    fireman²〔ˈfaɪrmən〕*n.*
    消防隊員 (= *fire fighter*)

17. **hunt**²〔hʌnt〕*v.* 打獵；獵捕
    hunter²〔ˈhʌntɚ〕*n.* 獵人

18. **journal**³〔ˈdʒɝnḷ〕*n.* 期刊
    journalist⁵〔ˈdʒɝnḷɪst〕*n.* 記者

19. **magic**²〔ˈmædʒɪk〕*n.* 魔術；
    魔法
    magician²〔məˈdʒɪʃən〕*n.*
    魔術師

20. **deal**¹〔dil〕*v.* 處理
    dealer³〔ˈdilɚ〕*n.* 商人

自我檢測一下，英文唸一遍，再看中文唸一遍。

Unit 34 Occupations (I) 職業

1. **actor**[1] actress[1]	11. **diplomat**[4] diplomatic[6]	1. 演員 女演員	11. 外交官 外交的
2. **assist**[3] assistant[2]	12. **dock**[3] doctor[1] doctrine[6]	2. 幫助 助手	12. 碼頭 醫生 教義
3. **baby**[1] baby-sitter[2]	13. **engine**[3] engineer[3]	3. 嬰兒 臨時褓姆	13. 引擎 工程師
4. **barber** barbershop	14. **keeper**[1] shopkeeper	4. 理髮師 理髮店	14. 看守人 商店老闆
5. **boss**[1] loss[2]	15. **guide**[1] tour guide	5. 老闆 損失	15. 引導 導遊
6. **employ**[3] employee[3] employer[3]	16. **fire**[1] fireman[2]	6. 雇用 員工 雇主	16. 火 消防隊員
7. **company**[2] accompany[4]	17. **hunt**[2] hunter[2]	7. 公司；同伴 陪伴；伴隨	17. 打獵；獵捕 獵人
8. **cook**[1] cooker[2]	18. **journal**[3] journalist[5]	8. 廚師；做菜 烹調器具	18. 期刊 記者
9. **cow**[1] cowboy[1]	19. **magic**[2] magician[2]	9. 母牛 牛仔	19. 魔術；魔法 魔術師
10. **dental**[6] dentist[2]	20. **deal**[1] dealer[3]	10. 牙齒的 牙醫	20. 處理 商人

Unit 35 Occupations (II) 職業

1. **mail**[1] 〔 mel 〕 *v.* 郵寄　*n.* 信件

   <u>mailman</u>
   〔'mel͵mæn 〕 *n.* 郵差
   (= *mail carrier*)

2. **manage**[3] 〔'mænɪdʒ 〕 *v.* 設法；
   管理
   <u>manager</u>[3] 〔'mænɪdʒɚ 〕 *n.* 經理

3. **judge**[2]
   〔 dʒʌdʒ 〕 *n.*
   法官　*v.* 判斷
   <u>judgment</u>[2] 〔'dʒʌdʒmənt 〕
   n. 判斷 (= *judgement*)

4. **mechanic**[4] 〔 mə'kænɪk 〕 *n.*
   技工
   <u>mechanical</u>[4] 〔 mə'kænɪkḷ 〕
   adj. 機械的

5. **policeman**[1]
   〔 pə'lismən 〕 *n.* 警察
   <u>police officer</u> 警官

6. **paint**[1] 〔 pent 〕 *v.* 畫；油漆
   <u>painter</u>[2]
   〔'pentɚ 〕 *n.* 畫家

7. **motto**[6] 〔'mɑto 〕 *n.*
   座右銘
   <u>model</u>[2] 〔'mɑdḷ 〕 *n.*
   模特兒；模型

8. **own**[1] 〔 on 〕 *v.* 擁有
   <u>owner</u>[2] 〔'onɚ 〕 *n.* 擁有者；
   貨主；船主

9. **photo**[2] 〔'foto 〕 *n.* 照片 ⎱
   <u>photograph</u>[2]　　　　　同義字
   〔'fotə͵græf 〕 *n.* 照片 ⎰
   <u>photographer</u>[2]
   〔 fə'tɑgrəfɚ 〕
   n. 攝影師

10. **resident**[5] 〔'rɛzədənt 〕 *n.* 居民
    <u>president</u>[2] 〔'prɛzədənt 〕 *n.*
    總統

11. **report**[1] 〔 rɪ'port 〕 v. 報導；報告

    <u>reporter</u>[2] 〔 rɪ'portə 〕 n. 記者

12. **sales** 〔 selz 〕 adj. 銷售的

    <u>salesman</u>[4] 〔 'selzmən 〕 n. 售貨員

13. **science**[2] 〔 'saɪəns 〕 n. 科學

    <u>scientist</u>[2] 〔 'saɪəntɪst 〕 n. 科學家

14. **secret**[2] 〔 'sikrɪt 〕 n. 祕密

    <u>secretary</u>[2] 〔 'sɛkrə,tɛrɪ 〕 n. 秘書

15. **thief**[2] 〔 θif 〕 n. 小偷

    <u>chief</u>[1] 〔 tʃif 〕 n. 首長 adj. 主要的

16. **sold**[1] 〔 sold 〕 v. 賣【sell 的過去式】

    <u>soldier</u>[2] 〔 'soldʒə 〕 n. 軍人

17. **waiter**[2] 〔 'wetə 〕 n. 服務生

    <u>waitress</u>[2] 〔 'wetrɪs 〕 n. 女服務生

18. **trade**[2] 〔 tred 〕 n. 貿易

    <u>trader</u>[3] 〔 'tredə 〕 n. 商人

19. **write**[1] 〔 raɪt 〕 v. 寫

    <u>writer</u>[1] 〔 'raɪtə 〕 n. 作家

20. **vend**[6] 〔 vɛnd 〕 v. 販賣

    <u>vendor</u>[6] 〔 'vɛndə 〕 n. 小販

    <u>vending machine</u> 販賣機

自我檢測一下，英文唸一遍，再看中文唸一遍。

Unit 35 Occupations (II) 職業

1. **mail**[1]	11. **report**[1]	1. 郵寄	11. 報導
mailman	reporter[2]	郵差	記者
2. **manage**[3]	12. **sales**	2. 設法	12. 銷售的
manager[3]	salesman[4]	經理	售貨員
3. **judge**[2]	13. **science**[2]	3. 法官	13. 科學
judgment[2]	scientist[2]	判斷	科學家
4. **mechanic**[4]	14. **secret**[2]	4. 技工	14. 祕密
mechanical[4]	secretary[2]	機械的	秘書
5. **policeman**[1]	15. **thief**[2]	5. 警察	15. 小偷
police officer	chief[1]	警官	首長
6. **paint**[1]	16. **sold**[1]	6. 畫；油漆	16. 賣
painter[2]	soldier[2]	畫家	軍人
7. **motto**[6]	17. **waiter**[2]	7. 座右銘	17. 服務生
model[2]	waitress[2]	模特兒	女服務生
8. **own**[1]	18. **trade**[2]	8. 擁有	18. 貿易
owner[2]	trader[3]	擁有者	商人
9. **photo**[2]	19. **write**[1]	9. 照片	19. 寫
photograph[2]	writer[1]	照片	作家
photographer[2]		攝影師	
	20. **vend**[6]		20. 販賣
10. **resident**[5]	vendor[6]	10. 居民	小販
president[2]	vending machine	總統	販賣機

Unit 36 Weather & nature
天氣與大自然

1. **air**[1] 〔 εr 〕 *n.* 空氣
   <u>aircraft</u>[2] 〔'εr,kræft 〕 *n.* 飛機
   【集合名詞】

2. **sun**[1] 〔 sʌn 〕 *n.* 太陽
   <u>sunny</u>[2] 〔'sʌnɪ 〕
   adj. 晴朗的

3. **clear**[1] 〔 klɪr 〕 *adj.* 清楚的；
   清澈的
   <u>nuclear</u>[4] 〔'njuklɪɚ 〕 *adj.* 核子的

4. **cloud**[1] 〔 klaʊd 〕 *n.* 雲
   <u>cloudy</u>[2] 〔'klaʊdɪ 〕 *adj.* 多雲的

5. **climate**[2] 〔'klaɪmɪt 〕 *n.* 氣候
   <u>climax</u>[4] 〔'klaɪmæks 〕 *n.* 高潮

6. **degree**[2] 〔 dɪ'gri 〕 *n.* 度；程度
   <u>agree</u>[1] 〔 ə'gri 〕 *v.* 同意

7. **puzzle**[2] 〔'pʌzl̩ 〕 *v.* 使困惑
   <u>drizzle</u>[6] 〔'drɪzl̩ 〕
   v. 下毛毛雨

8. **cool**[1] 〔 kul 〕 *adj.* 涼爽的
   <u>stool</u>[3] 〔 stul 〕 *n.* 凳子

9. **wind**[1] 〔 wɪnd 〕 *n.* 風
   <u>windy</u>[2] 〔'wɪndɪ 〕 *adj.* 多風的

10. **earth**[1] 〔 ɝθ 〕 *n.* 地球
    <u>earthquake</u>[2] 〔'ɝθ,kwek 〕 *n.*
    地震

11. **fog**[1] 〔 fɔg , fɑg 〕 *n.* 霧

foggy[2] 〔'fɑgɪ 〕 *adj.* 多霧的

12. **temper**[3] 〔'tɛmpɚ 〕 *n.* 脾氣

temperature[2] 〔'tɛmprətʃɚ 〕

n. 溫度

13. **humid**[2] 〔'hjumɪd 〕 *adj.* 潮溼的

humidity[4] 〔 hju'mɪdətɪ 〕 *n.*

潮溼

14. **nature**[1] 〔'netʃɚ 〕 *n.* 大自然；

本質

natural[2] 〔'nætʃərəl 〕 *adj.*

自然的；天生的

15. **sky**[1] 〔 skaɪ 〕 *n.* 天空

skyscraper[3]

〔'skaɪ,skrepɚ 〕

n. 摩天大樓

16. **rain**[1] 〔 ren 〕 *n.* 雨　*v.* 下雨

rainy[2] 〔'renɪ 〕 *adj.* 下雨的

rainbow[1] 〔'ren,bo 〕 *n.* 彩虹

17. **show**[1] 〔 ʃo 〕 *v.* 顯示；給…看

shower[2] 〔'ʃauɚ 〕 *n.* 陣雨；淋浴

18. **snow**[1] 〔 sno 〕 *n.* 雪　*v.* 下雪

snowy[2] 〔'snoɪ 〕

adj. 多雪的

snowman

〔'sno,mæn 〕 *n.* 雪人

19. **under**[1] 〔'ʌndɚ 〕 *prep.* 在…之下

thunder[2] 〔'θʌndɚ 〕 *n.* 雷

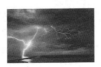

20. **storm**[2] 〔 stɔrm 〕 *n.* 暴風雨

stormy[3] 〔'stɔrmɪ 〕 *adj.*

暴風雨的

自我檢測一下，英文唸一遍，再看中文唸一遍。

Unit 36 Weather & nature 天氣與大自然

1. **air**[1] aircraft[2]	11. **fog**[1] foggy[2]	1. 空氣 飛機	11. 霧 多霧的
2. **sun**[1] sunny[2]	12. **temper**[3] temperature[2]	2. 太陽 晴朗的	12. 脾氣 溫度
3. **clear**[1] nuclear[4]	13. **humid**[2] humidity[4]	3. 清楚的 核子的	13. 潮溼的 潮溼
4. **cloud**[1] cloudy[2]	14. **nature**[1] natural[2]	4. 雲 多雲的	14. 大自然 自然的
5. **climate**[2] climax[4]	15. **sky**[1] skyscraper[3]	5. 氣候 高潮	15. 天空 摩天大樓
6. **degree**[2] agree[1]	16. **rain**[1] rainy[2] rainbow[1]	6. 度；程度 同意	16. 雨；下雨 下雨的 彩虹
7. **puzzle**[2] drizzle[6]	17. **show**[1] shower[2]	7. 使困惑 下毛毛雨	17. 顯示 陣雨；淋浴
8. **cool**[1] stool[3]	18. **snow**[1] snowy[2] snowman	8. 涼爽的 凳子	18. 雪；下雪 多雪的 雪人
9. **wind**[1] windy[2]	19. **under**[1] thunder[2]	9. 風 多風的	19. 在…之下 雷
10. **earth**[1] earthquake[2]	20. **storm**[2] stormy[3]	10. 地球 地震	20. 暴風雨 暴風雨的

Unit 37 Geographical terms
地理名詞

1. **are**¹〔 ɑr 〕*v.* be 的第二人稱
   及其他人稱的複數
   are̲a̲¹〔ˈɛrɪə, ˈerɪə 〕*n.* 地區

2. **beach**¹〔 bitʃ 〕*n.* 海灘
   bead̲²〔 bid 〕*n.* 有孔的小珠

3. **coast**¹〔 kost 〕*n.* 海岸
   boast̲⁴〔 bost 〕*v.* 自誇

4. **rest**¹〔 rɛst 〕*v. n.* 休息
   forest̲¹〔ˈfɔrɪst 〕*n.* 森林

5. **ill**²〔 ɪl 〕*adj.* 生病的
   hill̲¹〔 hɪl 〕*n.* 山丘

6. **tide**³〔 taɪd 〕*n.* 潮水
   tidy̲³〔ˈtaɪdɪ 〕*adj.* 整齊的

7. **land**¹〔 lænd 〕*n.* 陸地
   island̲²〔ˈaɪlənd 〕*n.* 島

8. **lake**¹〔 lek 〕*n.* 湖
   fake̲³〔 fek 〕*adj.* 假的；仿冒的

9. **mount**⁵〔 maʊnt 〕*v.* 登上；
   爬上　*n.* …山；…峰
   mountain̲¹〔ˈmaʊntn̩ 〕*n.* 山
   mountain climbing̲ 爬山

10. **shore**¹〔 ʃor 〕
    n. 海岸
    chore̲⁴〔 tʃor 〕*n.* 雜事

11. **environment**[2]
〔 ɪnˋvaɪrənmənt 〕*n.* 環境
environmental[3]
〔 ɪnˏvaɪrənˋmɛntḷ 〕*adj.* 環境的

12. **plain**[2] 〔 plen 〕*n.* 平原
adj. 平凡的
explain[2] 〔 ɪkˋsplen 〕*v.* 解釋

13. **pond**[1] 〔 pɑnd 〕*n.* 池塘
ponder[6] 〔ˋpɑndɚ 〕
v. 沉思

14. **river**[1] 〔ˋrɪvɚ 〕*n.* 河流
liver[3] 〔ˋlɪvɚ 〕*n.* 肝臟

15. **spring**[1,2] 〔 sprɪŋ 〕*n.* 春天；
泉水　*v.* 跳躍
hot spring　溫泉

16. **sum**[3] 〔 sʌm 〕*n.* 總數；金額
summit[3] 〔ˋsʌmɪt 〕*n.* 山頂；
巔峰　*adj.* 高階層的

17. **steam**[2] 〔 stim 〕*n.* 蒸氣
stream[2] 〔 strim 〕*n.* 溪流

18. **alley**[3] 〔ˋælɪ 〕*n.* 巷子
valley[2] 〔ˋvælɪ 〕*n.* 山谷

19. **wood**[1] 〔 wʊd 〕*n.* 木頭
woods[1] 〔 wʊdz 〕
n. pl. 森林

20. **ocean**[1] 〔ˋoʃən 〕*n.* 海洋
the Pacific Ocean 太平洋

自我檢測一下，英文唸一遍，再看中文唸一遍。

Unit 37 Geographical terms 地理名詞

1. are area[1]	11. environment[2] environmental[3]	1. be 的第二人稱及 其他人稱的複數 地區	11. 環境 環境的
2. beach[1] bead[2]	12. plain[2] explain[2]	2. 海灘 有孔的小珠	12. 平原 解釋
3. coast[1] boast[4]	13. pond[1] ponder[6]	3. 海岸 自誇	13. 池塘 沉思
4. rest[1] forest[1]	14. river[1] liver[3]	4. 休息 森林	14. 河流 肝臟
5. ill[2] hill[1]	15. spring[1,2] hot spring	5. 生病的 山丘	15. 春天 溫泉
6. tide[3] tidy[3]	16. sum[3] summit[3]	6. 潮水 整齊的	16. 總數 山頂
7. land[1] island[2]	17. steam[2] stream[2]	7. 陸地 島	17. 蒸氣 溪流
8. lake[1] fake[3]	18. alley[3] valley[2]	8. 湖 假的；仿冒的	18. 巷子 山谷
9. mount[5] mountain[1] mountain climbing	19. wood[1] woods[1]	9. 登上；…山 山 爬山	19. 木頭 森林
10. shore[1] chore[4]	20. ocean[1] the Pacific Ocean	10. 海岸 雜事	20. 海洋 太平洋

Unit 38 Animals & insects (I)
動物與昆蟲

1. **animal**¹〔'ænəml̩〕*n.* 動物
   <u>animate</u>⁶〔'ænə,met〕*v.*
   使有活力

2. **ant**¹〔ænt〕*n.* 螞蟻
   <u>giant</u>²〔'dʒaɪənt〕*n.* 巨人

3. **bat**¹〔bæt〕*n.* 球棒；蝙蝠
   <u>battle</u>²〔'bætl̩〕*n.* 戰役

4. **bee**¹〔bi〕*n.* 蜜蜂
   <u>beetle</u>²〔'bitl̩〕*n.*
   甲蟲

5. **lady**¹〔'ledɪ〕*n.* 女士
   <u>bug</u>¹〔bʌg〕*n.* 小蟲
   v. 竊聽
   <u>ladybug</u>²〔'ledɪ,bʌg〕*n.* 瓢蟲

6. **cat**¹〔kæt〕*n.* 貓
   <u>catalogue</u>⁴〔'kætl̩,ɔg〕*n.* 目錄
   (= *catalog*)

7. **cock**²〔kɑk〕*n.* 公雞
   <u>cockroach</u>²〔'kɑk,rotʃ〕*n.*
   蟑螂 (= *roach*)

8. **cow**¹〔kaʊ〕*n.* 母牛
   <u>coward</u>³
   〔'kaʊəd〕
   n. 懦夫

9. **eager**³〔'igə〕*adj.* 渴望的
   <u>eagle</u>¹〔'igl̩〕*n.* 老鷹

10. **hare**〔hɛr〕*n.* 野兔
    <u>share</u>²〔ʃɛr〕*v.* 分享

11. **dear**[1] 〔 dɪr 〕 *adj.* 親愛的

　　deer[1] 〔 dɪr 〕 *n.*

　　鹿【單複數同形】

同音字

12. **diner** 〔ˈdaɪnɚ 〕 *n.* 用餐者

　　dinosaur[2]

　　〔ˈdaɪnəˌsɔr 〕

　　n. 恐龍

13. **monkey**[1] 〔ˈmʌŋkɪ 〕 *n.* 猴子

　　donkey[2] 〔ˈdɑŋkɪ 〕 *n.* 驢子

14. **hop**[2] 〔 hɑp 〕 *v.* 跳

　　grasshopper[3] 〔ˈgræsˌhɑpɚ 〕

　　n. 蚱蜢

15. **kit**[3] 〔 kɪt 〕 *n.* 一套用具；

　　工具箱

　　kitten[1] 〔ˈkɪtn̩ 〕

　　n. 小貓

16. **bamboo**[2] 〔 bæmˈbu 〕 *n.* 竹子

　　kangaroo[3]

　　〔ˌkæŋgəˈru 〕

　　n. 袋鼠

17. **beat**[1] 〔 bit 〕 *v.* 打

　　beast[3] 〔 bist 〕 *n.*

　　野獸

18. **grab**[3] 〔 græb 〕 *v.* 抓住

　　crab[2] 〔 kræb 〕 *n.* 螃蟹

19. **ruin**[4] 〔ˈruɪn 〕 *v.* 毀滅

　　penguin[2]

　　〔ˈpɛngwɪn 〕

　　n. 企鵝

20. **goat**[2] 〔 got 〕 *n.* 山羊

　　ghost[1] 〔 gost 〕

　　n. 鬼

自我檢測一下，英文唸一遍，再看中文唸一遍。

Unit 38 Animals & insects (I) 動物與昆蟲

1. **animal**[1]	11. **dear**[1]	1. 動物	11. 親愛的
animate[6]	deer[1]	使有活力	鹿
2. **ant**[1]	12. **diner**	2. 螞蟻	12. 用餐者
giant[2]	dinosaur[2]	巨人	恐龍
3. **bat**[1]	13. **monkey**[1]	3. 球棒；蝙蝠	13. 猴子
battle[2]	donkey[2]	戰役	驢子
4. **bee**[1]	14. **hop**[2]	4. 蜜蜂	14. 跳
beetle[2]	grasshopper[3]	甲蟲	蚱蜢
5. **lady**[1]	15. **kit**[3]	5. 女士	15. 一套用具
bug[1]	kitten[1]	小蟲	小貓
ladybug[2]		瓢蟲	
	16. **bamboo**[2]		16. 竹子
6. **cat**[1]	kangaroo[3]	6. 貓	袋鼠
catalogue[4]		目錄	
	17. **beat**[1]		17. 打
7. **cock**[2]	beast[3]	7. 公雞	野獸
cockroach[2]		蟑螂	
	18. **grab**[3]		18. 抓住
8. **cow**[1]	crab[2]	8. 母牛	螃蟹
coward[3]		懦夫	
	19. **ruin**[4]		19. 毀滅
9. **eager**[3]	penguin[2]	9. 渴望的	企鵝
eagle[1]		老鷹	
	20. **goat**[2]		20. 山羊
10. **hare**	ghost[1]	10. 野兔	鬼
share[2]		分享	

Unit 39　Animals & insects (II)
動物與昆蟲

1. **elephant**[1] 〔'ɛləfənt 〕*n.* 大象

   <u>elegant</u>[4] 〔'ɛləgənt 〕*adj.* 優雅的

2. **duck**[1] 〔dʌk 〕*n.* 鴨子

   <u>duckling</u>[1]

   〔'dʌklɪŋ 〕*n.* 小鴨

3. **ox**[2] 〔ɑks 〕*n.* 公牛（ = *bull*[3] ）

   <u>fox</u>[2] 〔fɑks 〕*n.* 狐狸

4. **lamb**[1] 〔læm 〕*n.* 羔羊

   <u>limb</u>[3] 〔lɪm 〕*n.* 四肢

5. **master**[1] 〔'mæstɚ 〕*v.* 精通

   n. 主人；大師

   <u>monster</u>[2] 〔'mɑnstɚ 〕*n.* 怪物

6. **goose**[1] 〔gus 〕*n.* 鵝

   <u>geese</u>[1] 〔gis 〕*n. pl.* 鵝【複數】

7. **piano**[1] 〔pɪ'æno 〕*n.* 鋼琴

   <u>rhino</u> 〔'raɪno 〕*n.* 犀牛

   （ = *rhinoceros*[5] ）

8. **cola**[1] 〔'kolə 〕*n.* 可樂

   <u>koala</u>[2]

   〔kə'ɑlə 〕

   n. 無尾熊

9. **pet**[1] 〔pɛt 〕*n.* 寵物

   <u>petty</u>[6] 〔'pɛtɪ 〕*adj.* 小的；

   微不足道的

10. **moth**[2] 〔mɔθ 〕*n.* 蛾

    <u>mouth</u>[1] 〔mauθ 〕*n.* 嘴巴

11. **pig**¹〔pɪg〕*n.* 豬
    pigeon²〔'pɪdʒɪn〕*n.* 鴿子
    (= *dove*¹)

12. **puppy**²〔'pʌpɪ〕*n.* 小狗
    puppet²
    〔'pʌpɪt〕*n.*
    木偶;傀儡

13. **habit**²〔'hæbɪt〕*n.* 習慣
    rabbit²〔'ræbɪt〕
    n. 兔子
    【注意拼字】

14. **rat**¹〔ræt〕*n.* 老鼠
    rattle⁵〔'rætḷ〕*v.* 發出嘎嘎聲
    rattlesnake
    〔'rætḷ,snek〕
    n. 響尾蛇

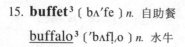

15. **buffet**³〔bʌ'fe〕*n.* 自助餐
    buffalo³〔'bʌfḷ,o〕*n.* 水牛

16. **sharp**¹〔ʃɑrp〕*adj.* 銳利的
    shark¹〔ʃɑrk〕*n.* 鯊魚

17. **came**¹〔kem〕*v.* 來【come 的
    過去式】
    camel¹〔'kæmḷ〕*n.* 駱駝

18. **sheep**¹〔ʃip〕*n.* 綿羊
    【單複數同形】
    sleep¹〔slip〕*v.* 睡　*n.* 睡眠

19. **worm**¹〔wɝm〕*n.* 蟲
    silk²〔sɪlk〕*n.* 絲
    silkworm⁵〔'sɪlk,wɝm〕*n.* 蠶

20. **wood**¹〔wud〕*n.* 木頭
    woodpecker⁵〔'wud,pɛkɚ〕
    n. 啄木鳥

自我檢測一下，英文唸一遍，再看中文唸一遍。

Unit 39 Animals & insects (II) 動物與昆蟲

1. **elephant**[1] elegant[4]	11. **pig**[1] pigeon[2]	1. 大象 優雅的	11. 豬 鴿子
2. **duck**[1] duckling[1]	12. **puppy**[2] puppet[2]	2. 鴨子 小鴨	12. 小狗 木偶；傀儡
3. **ox**[2] fox[2]	13. **habit**[2] rabbit[2]	3. 公牛 狐狸	13. 習慣 兔子
4. **lamb**[1] limb[3]	14. **rat**[1] rattle[5] rattlesnake	4. 羔羊 四肢	14. 老鼠 發出嘎嘎聲 響尾蛇
5. **master**[1] monster[2]	15. **buffet**[3] buffalo[3]	5. 精通 怪物	15. 自助餐 水牛
6. **goose**[1] geese	16. **sharp**[1] shark[1]	6. 鵝 鵝【複數】	16. 銳利的 鯊魚
7. **piano**[1] rhino	17. **came**[1] camel[1]	7. 鋼琴 犀牛	17. 來 駱駝
8. **cola**[1] koala[2]	18. **sheep**[1] sleep[1]	8. 可樂 無尾熊	18. 綿羊 睡；睡眠
9. **pet**[1] petty[6]	19. **worm**[1] silk[2] silkworm[5]	9. 寵物 小的	19. 蟲 絲 蠶
10. **moth**[2] mouth[1]	20. **wood**[1] woodpecker[5]	10. 蛾 嘴巴	20. 木頭 啄木鳥

Unit 40 Other nouns (I)
其他名詞

1. **accident**³ 〔'æksədənt 〕 *n.*
   意外
   <u>accidental</u>⁴ 〔,æksə'dɛntḷ 〕
   adj. 意外的；偶然的

2. **advertise**³ 〔'ædvɚ,taɪz 〕 *v.*
   登廣告
   <u>advertisement</u>³
   〔,ædvɚ'taɪzmənt 〕 *n.* 廣告

3. **advice**³ 〔 əd'vaɪs 〕 *n.* 勸告
   <u>advise</u>³ 〔 əd'vaɪz 〕 *v.* 勸告

4. **begin**¹ 〔 bɪ'gɪn 〕 *v.* 開始
   <u>beginner</u>² 〔 bɪ'gɪnɚ 〕 *n.*
   初學者

5. **aim**² 〔 em 〕 *n.* 目標
   <u>claim</u>² 〔 klem 〕 *v.* 宣稱；要求

6. **attend**² 〔 ə'tɛnd 〕 *v.* 參加；
   上（學）；服侍
   <u>attention</u>²
   〔 ə'tɛnʃən 〕 *n.*
   注意力

7. **ball**¹ 〔 bɔl 〕 *n.* 球
   <u>balloon</u>¹ 〔 bə'lun 〕 *n.* 氣球

8. **cause**¹ 〔 kɔz 〕 *n.* 原因
   v. 造成
   <u>pause</u>³ 〔 pɔz 〕 *n. v.* 暫停

9. **cell**² 〔 sɛl 〕 *n.* 細胞
   <u>cell phone</u>⁵ *n.* 手機
   (= *cellular phone*)

10. **blood**[1] 〔 blʌd 〕 *n.* 血
    bleed[3] 〔 blid 〕 *v.* 流血

11. **birth**[1] 〔 bɝθ 〕 *n.* 出生;誕生
    birthday 〔'bɝθ,de 〕 *n.* 生日

12. **bell**[1] 〔 bɛl 〕 *n.* 鐘
    belly[3] 〔'bɛlɪ 〕 *n.* 肚子

13. **age**[1] 〔 edʒ 〕 *n.* 年紀
    cage[1] 〔 kedʒ 〕 *n.*
    籠子

14. **comma**[3] 〔'kɑmə 〕 *n.* 逗點
    comment[4] 〔'kɑmɛnt 〕 *n.* 評論

15. **differ**[4] 〔'dɪfɚ 〕 *v.* 不同
    difference[2] 〔'dɪfərəns 〕 *n.*
    不同

16. **crime**[2] 〔 kraɪm 〕 *n.* 罪
    criminal[3] 〔'krɪmən! 〕 *n.*
    罪犯

17. **album**[2] 〔'ælbəm 〕 *n.* 專輯
    algebra[5] 〔'ældʒəbrə 〕 *n.*
    代數

18. **dam**[3] 〔 dæm 〕 *n.* 水壩
    damage[2] 〔'dæmɪdʒ 〕 *v.* 損害

19. **decide**[1] 〔 dɪ'saɪd 〕 *v.* 決定
    decision[2] 〔 dɪ'sɪʒən 〕 *n.*
    決定

20. **court**[2] 〔 kort 〕 *n.* 法院;
    (網球)球場
    courteous[4] 〔'kɝtɪəs 〕 *adj.*
    有禮貌的【注意發音】

自我檢測一下，英文唸一遍，再看中文唸一遍。

Unit 40 Other nouns (I) 其他名詞

1. **accident**[3] accidental[4]	11. **birth**[1] birthday	1. 意外 意外的	11. 出生 生日
2. **advertise**[3] advertisement[3]	12. **bell**[1] belly[3]	2. 登廣告 廣告	12. 鐘 肚子
3. **advice**[3] advise[3]	13. **age**[1] cage[1]	3. 勸告 勸告	13. 年紀 籠子
4. **begin**[1] beginner[2]	14. **comma**[3] comment[4]	4. 開始 初學者	14. 逗點 評論
5. **aim**[2] claim[2]	15. **differ**[4] difference[2]	5. 目標 宣稱；要求	15. 不同 不同
6. **attend**[2] attention[2]	16. **crime**[2] criminal[3]	6. 參加；上 (學) 注意力	16. 罪 罪犯
7. **ball**[1] balloon[1]	17. **album**[2] algebra[5]	7. 球 氣球	17. 專輯 代數
8. **cause**[1] pause[3]	18. **dam**[3] damage[2]	8. 原因；造成 暫停	18. 水壩 損害
9. **cell**[2] cell phone[5]	19. **decide**[1] decision[2]	9. 細胞 手機	19. 決定 決定
10. **blood**[1] bleed[3]	20. **court**[2] courteous[4]	10. 血 流血	20. 法院 有禮貌的

Unit 41 Other nouns (II)
其他名詞

(Unit 41~Unit 50)

1. **direct**[1] 〔 dəˈrɛkt 〕 adj. 直接的
   direction[2] 〔 dəˈrɛkʃən 〕 n.
   方向

2. **difficult**[1] 〔ˈdɪfəˌkʌlt 〕 adj.
   困難的
   difficulty[2] 〔ˈdɪfəˌkʌltɪ 〕 n.
   困難

3. **discuss**[2] 〔 dɪˈskʌs 〕 v. 討論
   discussion[2] 〔 dɪˈskʌʃən 〕 n.
   討論

4. **educate**[3] 〔ˈɛdʒəˌket 〕 v. 教育
   education[2] 〔ˌɛdʒəˈkeʃən 〕 n.
   教育

5. **edge**[1] 〔 ɛdʒ 〕 n. 邊緣
   pledge[5] 〔 plɛdʒ 〕 v. 保證；
   發誓

6. **motion**[2] 〔ˈmoʃən 〕 n. 動作
   motion picture 動畫
   emotion[2] 〔 ɪˈmoʃən 〕 n. 情緒

7. **envy**[3] 〔ˈɛnvɪ 〕 n. v. 羨慕
   navy[3] 〔ˈnevɪ 〕 n. 海軍

8. **go**[1] 〔 go 〕 v. 去
   goal[2] 〔 gol 〕 n. 目標

9. **govern**[2] 〔ˈgʌvən 〕 v. 統治
   government[2] 〔ˈgʌvənmənt 〕
   n. 政府

10. **invite**[2] 〔 ɪnˈvaɪt 〕 v. 邀請
    invitation[2] 〔ˌɪnvəˈteʃən 〕 n.
    邀請

11. **net**[2] 〔 nɛt 〕 *n.* 網

Internet[4] 〔'ɪntɚ,nɛt 〕 *n.*

網際網路

12. **lack**[1] 〔 læk 〕 *v. n.* 缺乏

black[1] 〔 blæk 〕 *adj.* 黑的

13. **foreign**[1] 〔'fɔrɪn 〕 *adj.* 外國的

foreigner[2] 〔'fɔrɪnɚ 〕 *n.*

外國人

14. **boy**[1] 〔 bɔɪ 〕 *n.* 男孩

toy[1] 〔 tɔɪ 〕 *n.* 玩具

15. **gesture**[3] 〔'dʒɛstʃɚ 〕 *n.* 手勢

posture[6] 〔'pɑstʃɚ 〕 *n.* 姿勢

16. **free**[1] 〔 fri 〕 *adj.* 自由的；

免費的

freedom[2] 〔'fridəm 〕 *n.* 自由

17. **character**[2] 〔'kærɪktɚ 〕 *n.*

性格

characteristic[4]

〔,kærɪktə'rɪstɪk 〕 *n.* 特性

18. **important**[1] 〔 ɪm'pɔrtn̩t 〕

adj. 重要的

importance[2] 〔 ɪm'pɔrtn̩s 〕

n. 重要性

19. **lag**[4] 〔 læg 〕 *n.* 落後

flag[2] 〔 flæg 〕 *n.* 旗子

20. **leader**[1] 〔'lidɚ 〕 *n.* 領導者

leadership[2] 〔'lidɚ,ʃɪp 〕 *n.*

領導能力

自我檢測一下，英文唸一遍，再看中文唸一遍。

Unit 41 Other nouns (II) 其他名詞

1. **direct**[1]
   direction[2]

2. **difficult**[1]
   difficulty[2]

3. **discuss**[2]
   discussion[2]

4. **educate**[3]
   education[2]

5. **edge**[1]
   pledge[5]

6. **motion**[2]
   motion picture
   emotion[2]

7. **envy**[3]
   navy[3]

8. **go**[1]
   goal[2]

9. **govern**[2]
   government[2]

10. **invite**[2]
    invitation[2]

11. **net**[2]
    Internet[4]

12. **lack**[1]
    black[1]

13. **foreign**[1]
    foreigner[2]

14. **boy**[1]
    toy[1]

15. **gesture**[3]
    posture[6]

16. **free**[1]
    freedom[2]

17. **character**[2]
    characteristic[4]

18. **important**[1]
    importance[2]

19. **lag**[4]
    flag[2]

20. **leader**[1]
    leadership[2]

1. 直接的
   方向

2. 困難的
   困難

3. 討論
   討論

4. 教育
   教育

5. 邊緣
   保證；發誓

6. 動作
   動畫
   情緒

7. 羨慕
   海軍

8. 去
   目標

9. 統治
   政府

10. 邀請
    邀請

11. 網
    網際網路

12. 缺乏
    黑的

13. 外國的
    外國人

14. 男孩
    玩具

15. 手勢
    姿勢

16. 自由的
    自由

17. 性格
    特性

18. 重要的
    重要性

19. 落後
    旗子

20. 領導者
    領導能力

Unit 42 Other nouns (III)
其他名詞

1. **lid**[2] 〔 lɪd 〕 *n.* 蓋子

   <u>eyelid</u>[5]

   〔 'aɪˌlɪd 〕

   n. 眼皮

2. **god**[1] 〔 ɡɑd 〕 *n.* 神

   <u>goddess</u>[1] 〔 'ɡɑdɪs 〕 *n.* 女神

3. **ass**[5] 〔 æs 〕 *n.* 屁股

   <u>grass</u>[1] 〔 ɡræs 〕 *n.* 草

4. **mass**[2] 〔 mæs 〕 *adj.* 大量的；
   大眾的

   <u>massage</u>[5] 〔 mə'sɑʒ 〕 *n.* 按摩

5. **mean**[1] 〔 min 〕 *v.* 意思是

   <u>meaning</u>[2] 〔 'minɪŋ 〕 *n.* 意義

6. **meet**[1] 〔 mit 〕 *v.* 遇見；認識

   <u>meeting</u>[2] 〔 'mitɪŋ 〕 *n.* 會議

7. **mess**[3] 〔 mɛs 〕 *n.* 雜亂；
   亂七八糟

   <u>message</u>[2] 〔 'mɛsɪdʒ 〕 *n.* 訊息

8. **metal**[2] 〔 'mɛtl̩ 〕 *n.*
   金屬

   <u>medal</u>[3] 〔 'mɛdl̩ 〕 *n.*
   獎牌

9. **take**[1] 〔 tek 〕 *v.* 拿

   <u>mistake</u>[1] 〔 mə'stek 〕 *n.* 錯誤

10. **mud**[1] 〔 mʌd 〕 *n.* 泥巴

    <u>muddy</u>[4] 〔 'mʌdɪ 〕 *adj.* 泥濘的

11. **nest**[2] 〔 nɛst 〕 *n.* 巢

    next[1] 〔 nɛkst 〕

    adj. 下一個

12. **noise**[1] 〔 nɔɪz 〕 *n.* 噪音

    noisy[1] 〔'nɔɪzɪ 〕 *adj.* 吵鬧的

13. **leaf**[1] 〔 lif 〕 *n.* 葉子

    leaves[1] 〔 livz 〕 *n. pl.* 葉子

14. **object**[2] 〔'abdʒɪkt 〕 *n.* 物體

    subject[2] 〔'sʌbdʒɪkt 〕 *n.* 科目；

    主題

15. **operate**[2] 〔'apə,ret 〕 *v.* 操作；

    動手術

    operation[4] 〔,apə'reʃən 〕 *n.*

    手術；運作；操作

16. **parcel**[3] 〔'parsḷ 〕 *n.* 包裹

    pardon[2] 〔'pardn̩ 〕 *n. v.* 原諒

17. **formation**[4] 〔 fɔr'meʃən 〕 *n.*

    形成

    information[4] 〔,ɪnfɚ'meʃən 〕

    n. 資訊

18. **peace**[2] 〔 pis 〕 *n.* 和平

    peaceful[2] 〔'pisfəl 〕 *adj.*

    和平的

19. **peer**[4] 〔 pɪr 〕 *n.* 同儕　*v.* 凝視

    period[2] 〔'pɪrɪəd 〕 *n.* 期間

20. **pile**[2] 〔 paɪl 〕 *n.* 堆

    compile[6] 〔 kəm'paɪl 〕 *v.* 編輯

自我檢測一下，英文唸一遍，再看中文唸一遍。

Unit 42 Other nouns (III) 其他名詞

1. **lid**[2]	11. **nest**[2]	1. 蓋子	11. 巢
eyelid[5]	next[1]	眼皮	下一個
2. **god**[1]	12. **noise**[1]	2. 神	12. 噪音
goddess[1]	noisy[1]	女神	吵鬧的
3. **ass**[5]	13. **leaf**[1]	3. 屁股	13. 葉子
grass[1]	leaves[1]	草	葉子
4. **mass**[2]	14. **object**[2]	4. 大量的	14. 物體
massage[5]	subject[2]	按摩	科目；主題
5. **mean**[1]	15. **operate**[2]	5. 意思是	15. 操作
meaning[2]	operation[4]	意義	手術；運作
6. **meet**[1]	16. **parcel**[3]	6. 遇見；認識	16. 包裹
meeting[2]	pardon[2]	會議	原諒
7. **mess**[3]	17. **formation**[4]	7. 雜亂	17. 形成
message[2]	information[4]	訊息	資訊
8. **metal**[2]	18. **peace**[2]	8. 金屬	18. 和平
medal[3]	peaceful[2]	獎牌	和平的
9. **take**[1]	19. **peer**[4]	9. 拿	19. 同儕；凝視
mistake[1]	period[2]	錯誤	期間
10. **mud**[1]	20. **pile**[2]	10. 泥巴	20. 堆
muddy[4]	compile[6]	泥濘的	編輯

Unit 43 Other nouns (IV)
其他名詞

1. **result**[2] 〔 rɪ'zʌlt 〕 *n.* 結果
   v. 導致
   consult[4] 〔 kən'sʌlt 〕 *v.* 查閱；
   請教

2. **poll**[3] 〔 pol 〕 *n.* 民意調查 ⎫ 同
   pole[3] 〔 pol 〕 *n.* 竿；柱子 ⎭ 字

3. **rope**[1] 〔 rop 〕 *n.* 繩子
   cope[4] 〔 kop 〕 *v.* 應付；處理

4. **pipe**[2] 〔 paɪp 〕 *n.* 管子；煙斗；
   笛子
   pipeline[6] 〔'paɪp,laɪn 〕 *n.* 管線

5. **power**[1] 〔'pauɚ 〕 *n.* 力量
   powder[3] 〔'paudɚ 〕 *n.* 粉末

6. **pleasure**[2] 〔'plɛʒɚ 〕 *n.* 樂趣
   treasure[2] 〔'trɛʒɚ 〕
   n. 寶藏　*v.* 珍惜

7. **poison**[2] 〔'pɔɪzn̩ 〕 *n.* 毒藥
   poisonous[4] 〔'pɔɪznəs 〕 *adj.*
   有毒的

8. **pollute**[3] 〔 pə'lut 〕 *v.* 污染
   pollution[4] 〔 pə'luʃən 〕 *n.* 污染
   air pollution　空氣污染

9. **populate**[6] 〔'papjə,let 〕 *v.*
   居住於
   population[2] 〔,papjə'leʃən 〕 *n.*
   人口

10. **plan**[1] 〔 plæn 〕 *n. v.* 計劃
    planet[2] 〔'plænɪt 〕
    n. 行星

11. **press**[2] 〔 prɛs 〕 *v.* 壓

pressure[3] 〔'prɛʃɚ 〕 *n.* 壓力

12. **produce**[2] 〔 prə'djus 〕 *v.*
生產；製造
production[4] 〔 prə'dʌkʃən 〕
n. 生產

13. **safe**[1] 〔 sef 〕 *adj.* 安全的
n. 保險箱
safety[2] 〔'seftɪ 〕 *n.* 安全

14. **rubber**[1] 〔'rʌbɚ 〕 *n.* 橡膠
rubber band
橡皮筋

15. **progress**[2] 〔'prɑgrɛs 〕 *n.*
進步
progressive[6] 〔 prə'grɛsɪv 〕
adj. 進步的

16. **reject**[2] 〔 rɪ'dʒɛkt 〕 *v.* 拒絕

project[2] 〔'prɑdʒɛkt 〕 *n.* 計劃

17. **pose**[2] 〔 poz 〕 *n.* 姿勢
v. 擺姿勢
purpose[1] 〔'pɝpəs 〕 *n.* 目的

18. **rose**[1] 〔 roz 〕 *n.*
玫瑰
prose[6] 〔 proz 〕
n. 散文

19. **season**[1] 〔'sizn̩ 〕 *n.* 季節
reason[1] 〔'rizn̩ 〕 *n.* 理由

20. **ample**[5] 〔'æmpl̩ 〕 *adj.* 豐富的；
充裕的
sample[2] 〔'sæmpl̩ 〕 *n.* 樣品；
範例

自我檢測一下，英文唸一遍，再看中文唸一遍。

Unit 43 Other nouns (IV) 其他名詞

1. **result**[2]
   consult[4]

11. **press**[2]
    pressure[3]

2. **poll**[3]
   pole[3]

12. **produce**[2]
    production[4]

3. **rope**[1]
   cope[4]

13. **safe**[1]
    safety[2]

4. **pipe**[2]
   pipeline[6]

14. **rubber**[1]
    rubber band

5. **power**[1]
   powder[3]

15. **progress**[2]
    progressive[6]

6. **pleasure**[2]
   treasure[2]

16. **reject**[2]
    project[2]

7. **poison**[2]
   poisonous[4]

17. **pose**[2]
    purpose[1]

8. **pollute**[3]
   pollution[4]
   air pollution

18. **rose**[1]
    prose[6]

19. **season**[1]
    reason[1]

9. **populate**[6]
   population[2]

20. **ample**[5]
    sample[2]

10. **plan**[1]
    planet[2]

---

1. 結果；導致
   查閱；請教

11. 壓
    壓力

2. 民意調查
   竿；柱子

12. 生產；製造
    生產

3. 繩子
   應付；處理

13. 安全的
    安全

4. 管子；煙斗
   管線

14. 橡膠
    橡皮筋

5. 力量
   粉末

15. 進步
    進步的

6. 樂趣
   寶藏；珍惜

16. 拒絕
    計劃

7. 毒藥
   有毒的

17. 姿勢
    目的

8. 污染
   污染
   空氣污染

18. 玫瑰
    散文

19. 季節
    理由

9. 居住於
   人口

20. 豐富的
    樣品；範例

10. 計劃
    行星

Unit 44 Other nouns (V)
其他名詞

1. **sent**[1] 〔 sɛnt 〕 v. 寄；送【send
   的過去式】
   sentence[1] 〔'sɛntəns 〕 n.
   句子；刑罰

2. **sight**[1] 〔 saɪt 〕 n. 視力；景象
   nearsighted[4] 〔'nɪr'saɪtɪd 〕
   adj. 近視的

   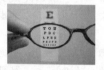

3. **silent**[2] 〔'saɪlənt 〕 adj.
   沉默的；安靜的
   silence[2] 〔'saɪləns 〕 n. 沉默

4. **style**[3] 〔 staɪl 〕 n. 風格；方式
   hairstyle[5]
   〔'hɛr,staɪl 〕 n.
   髮型

5. **social**[2] 〔'soʃəl 〕 adj. 社會的
   society[2] 〔 sə'saɪətɪ 〕 n. 社會

6. **system**[3] 〔'sɪstəm 〕 n. 系統
   systematic[4] 〔,sɪstə'mætɪk 〕
   adj. 有系統的

7. **tale**[1] 〔 tel 〕 n. 故事
   talent[2] 〔'tælənt 〕 n. 才能

8. **tick**[5] 〔 tɪk 〕 n. 滴答聲
   v. 滴答響
   ticket[1] 〔'tɪkɪt 〕 n. 票；罰單

9. **title**[2] 〔'taɪtl̩ 〕 n. 標題；名稱；
   頭銜
   entitle[5] 〔 ɪn'taɪtl̩ 〕 v.
   將⋯命名為

10. **seed**[1] 〔 sid 〕 n. 種子
    seek[3] 〔 sik 〕 v. 尋找

11. **soul**[1] 〔sol〕 *n.* 靈魂 ⎫ 同
    Seoul 〔sol〕 *n.* 首爾 ⎬ 音
    　　　　　　　　　　　 ⎭ 字

12. **pace**[4] 〔pes〕 *n.* 步調
    space[1] 〔spes〕 *n.* 空間；太空

13. **spirit**[2] 〔'spɪrɪt〕 *n.* 精神
    spiritual[4] 〔'spɪrɪtʃʊəl〕 *adj.*
    精神上的

14. **objection**[4] 〔əb'dʒɛkʃən〕 *n.*
    反對
    rejection[4] 〔rɪ'dʒɛkʃən〕 *n.*
    拒絕

15. **step**[1] 〔stɛp〕 *n.* 一步；步驟
    doorstep[5] 〔'dɔr͵stɛp〕 *n.* 門階

16. **symbol**[2] 〔'sɪmbḷ〕 *n.* 象徵
    symbolic[6] 〔sɪm'bɑlɪk〕 *adj.*
    象徵性的

17. **fear**[1] 〔fɪr〕 *n.* 恐懼
    tear[2] 〔tɪr〕 *n.* 眼淚

18. **scene**[1] 〔sin〕 *n.* 風景；場景
    scenery[4] 〔'sinərɪ〕 *n.* 風景
    【集合名詞】

19. **seat**[1] 〔sit〕 *n.* 座位
    v. 使就座
    feat 〔fit〕 *n.* 功績

20. **ten**[1] 〔tɛn〕 *n.* 十
    tent[2] 〔tɛnt〕 *n.* 帳篷

自我檢測一下，英文唸一遍，再看中文唸一遍。

Unit 44 Other nouns (V) 其他名詞

1. sent[1]	11. soul[1]	1. 寄；送	11. 靈魂
sentence[1]	Seoul	句子；刑罰	首爾
2. sight[1]	12. pace[4]	2. 視力；景象	12. 步調
nearsighted[4]	space[1]	近視的	空間；太空
3. silent[2]	13. spirit[2]	3. 沉默的	13. 精神
silence[2]	spiritual[4]	沉默	精神上的
4. style[3]	14. objection[4]	4. 風格；方式	14. 反對
hairstyle[5]	rejection[4]	髮型	拒絕
5. social[2]	15. step[1]	5. 社會的	15. 一步；步驟
society[2]	doorstep[5]	社會	門階
6. system[3]	16. symbol[2]	6. 系統	16. 象徵
systematic[4]	symbolic[6]	有系統的	象徵性的
7. tale[1]	17. fear[1]	7. 故事	17. 恐懼
talent[2]	tear[2]	才能	眼淚
8. tick[5]	18. scene[1]	8. 滴答聲	18. 風景；場景
ticket[1]	scenery[4]	票；罰單	風景
9. title[2]	19. seat[1]	9. 標題；名稱	19. 座位
entitle[5]	feat	將…命名為	功績
10. seed[1]	20. ten[1]	10. 種子	20. 十
seek[3]	tent[2]	尋找	帳篷

Unit 45 Other nouns (VI)
其他名詞

1. **term**² 〔 tɜm 〕 *n.* 名詞；
   用語；關係
   <u>terminal</u>⁵ 〔'tɜmənḷ 〕 *n.*
   航空站；（公車）總站
   adj. 最後的；終點的

2. **truth**² 〔 truθ 〕 *n.* 事實
   <u>truthful</u>³ 〔'truθfəl 〕 *adj.*
   眞實的

3. **value**² 〔'væljʊ 〕 *n.* 價值
   <u>valuable</u>³ 〔'væljʊəbḷ 〕 *adj.*
   有價值的

4. **victor**⁶ 〔'vɪktɚ 〕 *n.* 勝利者
   <u>victory</u>² 〔'vɪktrɪ 〕 *n.* 勝利

5. **way**¹ 〔 we 〕 *n.* 路；方式；
   樣子
   <u>sway</u>⁴ 〔 swe 〕
   v. 搖擺

6. **wed**² 〔 wɛd 〕 *v.* 與…結婚
   <u>wedding</u>¹ 〔'wɛdɪŋ 〕 *n.* 婚禮

7. **former**² 〔'fɔrmɚ 〕 *pron.*
   前者
   <u>latter</u>³ 〔'lætɚ 〕 *pron.* 後者

   〕相反詞

8. **picnic**² 〔'pɪknɪk 〕 *n.* 野餐
   <u>panic</u>³ 〔'pænɪk 〕 *v. n.* 恐慌

9. **section**² 〔'sɛkʃən 〕 *n.* 部分
   <u>sector</u>⁶ 〔'sɛktɚ 〕 *n.* 部門

10. **day**¹ 〔 de 〕 *n.* 天
    <u>daybreak</u>⁶ 〔'de,brek 〕 *n.* 破曉

11. **sense**[1] ﹝sɛns﹞ *n.* 感覺
    <u>nonsense</u>[4] ﹝'nɑnsɛns﹞ *n.*
    胡說;無意義的話

12. **treat**[5,2] ﹝trit﹞ *v.* 對待;
    治療;認為　*n.* 請客
    <u>treaty</u>[5] ﹝'tritɪ﹞ *n.* 條約

13. **kill**[1] ﹝kɪl﹞ *v.* 殺死
    <u>skill</u>[1] ﹝skɪl﹞ *n.* 技巧

14. **thin**[2] ﹝θɪn﹞ *adj.* 薄的;瘦的
    <u>thing</u>[1] ﹝θɪŋ﹞ *n.* 東西

15. **top**[1] ﹝tɑp﹞ *n.* 頂端
    <u>topple</u>[6] ﹝'tɑpl̩﹞ *v.* 推倒;推翻

16. **enemy**[2] ﹝'ɛnəmɪ﹞ *n.* 敵人
    <u>energy</u>[2] ﹝'ɛnɚdʒɪ﹞ *n.* 活力

17. **scream**[3] ﹝skrim﹞ *v.* 尖叫
    <u>screen</u>[2] ﹝skrin﹞ *n.* 螢幕

18. **gram**[3] ﹝græm﹞ *n.* 公克
    <u>program</u>[3] ﹝'progræm﹞ *n.*
    節目

19. **set**[1] ﹝sɛt﹞ *v.* 設定　*n.* 一套
    <u>settle</u>[2] ﹝'sɛtl̩﹞ *v.* 定居;解決

20. **case**[1] ﹝kes﹞ *n.* 情況;例子
    <u>castle</u>[2] ﹝'kæsl̩﹞ *n.* 城堡

自我檢測一下，英文唸一遍，再看中文唸一遍。

Unit 45 Other nouns (VI) 其他名詞

1. term[2]	11. sense[1]	1. 名詞；用語	11. 感覺
terminal[5]	nonsense[4]	航空站	胡說
2. truth[2]	12. treat[5,2]	2. 事實	12. 對待；請客
truthful[3]	treaty[5]	真實的	條約
3. value[2]	13. kill[1]	3. 價值	13. 殺死
valuable[3]	skill[1]	有價值的	技巧
4. victor[6]	14. thin[2]	4. 勝利者	14. 薄的；瘦的
victory[2]	thing[1]	勝利	東西
5. way[1]	15. top[1]	5. 路；方式	15. 頂端
sway[4]	topple[6]	搖擺	推倒；推翻
6. wed[2]	16. enemy[2]	6. 與…結婚	16. 敵人
wedding[1]	energy[2]	婚禮	活力
7. former[2]	17. scream[3]	7. 前者	17. 尖叫
latter[3]	screen[2]	後者	螢幕
8. picnic[2]	18. gram[3]	8. 野餐	18. 公克
panic[3]	program[3]	恐慌	節目
9. section[2]	19. set[1]	9. 部分	19. 設定；一套
sector[6]	settle[2]	部門	定居；解決
10. day[1]	20. case[1]	10. 天	20. 情況；例子
daybreak[6]	castle[2]	破曉	城堡

Unit 46 Other nouns (VII)
其他名詞

1. **trick**[2] 〔 trɪk 〕 *n.* 詭計;把戲
   <u>brick</u>[2] 〔 brɪk 〕 *n.* 磚頭

2. **side**[1] 〔 saɪd 〕 *n.* 邊
   <u>aside</u>[3] 〔 ə'saɪd 〕 *adv.* 在一邊

3. **list**[1] 〔 lɪst 〕 *n.* 名單
   <u>listen</u>[1] 〔 'lɪsn̩ 〕 *v.* 聽

4. **humor**[2] 〔 'hjumɚ 〕 *n.* 幽默
   (= *humour*【英式用法】)
   <u>rumor</u>[3] 〔 'rumɚ 〕 *n.* 謠言

5. **come**[1] 〔 kʌm 〕 *v.* 來
   <u>income</u>[2] 〔 'ɪn,kʌm 〕 *n.* 收入

6. **choose**[2] 〔 tʃuz 〕 *v.* 選擇
   <u>choice</u>[2] 〔 tʃɔɪs 〕 *n.* 選擇

7. **error**[2] 〔 'ɛrɚ 〕 *n.* 錯誤
   <u>terror</u>[4] 〔 'tɛrɚ 〕 *n.* 恐怖

8. **even**[1] 〔 'ivən 〕 *adv.* 甚至
   <u>event</u>[2] 〔 ɪ'vɛnt 〕 *n.* 事件

9. **cap**[1] 〔 kæp 〕 *n.* (無邊的) 帽子
   <u>captain</u>[2] 〔 'kæptən 〕 *n.* 船長

10. **cart**[2] 〔 kɑrt 〕 *n.* 手推車
    <u>chart</u>[1] 〔 tʃɑrt 〕 *n.* 圖表

11. **mail**[1] 〔 mel 〕 *v.* 郵寄　*n.* 信件
    <u>e-mail</u>[4] 〔 'i,mel 〕 *n.* 電子郵件
    (= *electronic mail*)

12. **joke**[1]〔dʒok〕*n.* 笑話；玩笑

Coke[1]〔kok〕*n.* 可口可樂

（ = *Coca-Cola* ）

13. **king**[1]〔kɪŋ〕*n.* 國王

kingdom[2]〔'kɪŋdəm〕*n.* 王國

14. **center**[1]〔'sɛntɚ〕*n.* 中心

（ = *centre*【英式用法】）

century[2]〔'sɛntʃərɪ〕*n.* 世紀

15. **child**[1]〔tʃaɪld〕*n.* 小孩

childhood[3]〔'tʃaɪld,hʊd〕*n.*

童年

16. **table**[1]〔'tebḷ〕*n.* 桌子

cable[2]〔'kebḷ〕*n.* 電纜；鋼索

17. **ink**[2]〔ɪŋk〕*n.* 墨水

link[2]〔lɪŋk〕*v.* 連結

18. **lock**[2]〔lɑk〕*v. n.* 鎖

locker[4]〔'lɑkɚ〕*n.* 置物櫃

19. **bunch**[3]〔bʌntʃ〕*n.*（花）束；

（水果的）串

bundle[2]〔'bʌndḷ〕

n. 一大堆

20. **anger**[1]〔'æŋgɚ〕*n.* 憤怒

angel[3]〔'endʒəl〕*n.* 天使

自我檢測一下，英文唸一遍，再看中文唸一遍。

Unit 46 Other nouns (VII) 其他名詞

1. trick[2] brick[2]	11. mail[1] e-mail[4]	1. 詭計；把戲 磚頭	11. 郵寄；信件 電子郵件
2. side[1] aside[3]	12. joke[1] Coke[1]	2. 邊 在一邊	12. 笑話；玩笑 可口可樂
3. list[1] listen[1]	13. king[1] kingdom[2]	3. 名單 聽	13. 國王 王國
4. humor[2] rumor[3]	14. center[1] century[2]	4. 幽默 謠言	14. 中心 世紀
5. come[1] income[2]	15. child[1] childhood[3]	5. 來 收入	15. 小孩 童年
6. choose[2] choice[2]	16. table[1] cable[2]	6. 選擇 選擇	16. 桌子 電纜；鋼索
7. error[2] terror[4]	17. ink[2] link[2]	7. 錯誤 恐怖	17. 墨水 連結
8. even[1] event[2]	18. lock[2] locker[4]	8. 甚至 事件	18. 鎖 置物櫃
9. cap[1] captain[2]	19. bunch[3] bundle[2]	9. （無邊的）帽子 船長	19. （花）束 一大堆
10. cart[2] chart[1]	20. anger[1] angel[3]	10. 手推車 圖表	20. 憤怒 天使

Unit 47 Other verbs (I)
其他動詞

1. **accept**[2] ﹝ ək'sɛpt ﹞ *v.* 接受
   <u>acceptable</u>[3] ﹝ ək'sɛptəbḷ ﹞
   adj. 可接受的

2. **add**[1] ﹝ æd ﹞ *v.* 增加
   <u>addition</u>[2] ﹝ ə'dɪʃən ﹞ *n.* 增加

3. **admire**[3] ﹝ əd'maɪr ﹞ *v.* 欽佩
   <u>admiration</u>[4] ﹝ ˌædmə'reʃən ﹞
   n. 欽佩

4. **avoid**[2] ﹝ ə'vɔɪd ﹞ *v.* 避免
   <u>avoidable</u> ﹝ ə'vɔɪdəbḷ ﹞ *adj.*
   可避免的

5. **affect**[3] ﹝ ə'fɛkt ﹞ *v.* 影響
   <u>effect</u>[2] ﹝ ɪ'fɛkt ﹞ *n.* 影響

6. **allow**[1] ﹝ ə'lau ﹞ *v.* 允許
   <u>allowance</u>[4] ﹝ ə'lauəns ﹞ *n.*
   零用錢

7. **apologize**[4] ﹝ ə'palə,dʒaɪz ﹞
   v. 道歉
   <u>apology</u>[4] ﹝ ə'palədʒɪ ﹞ *n.* 道歉

8. **appear**[1] ﹝ ə'pɪr ﹞ *v.* 出現
   <u>disappear</u>[2] ﹝ ˌdɪsə'pɪr ﹞
   v. 消失
   〕反義詞

9. **appreciate**[3] ﹝ ə'priʃɪ,et ﹞ *v.*
   欣賞；感激
   <u>appreciation</u>[4] ﹝ ə,priʃɪ'eʃən ﹞
   n. 欣賞；感激

10. **argue**[2] ﹝'argju ﹞ *v.* 爭論
    <u>argument</u>[2] ﹝'argjəmənt ﹞
    n. 爭論

11. **arrange**² 〔əˈrendʒ〕 v. 安排；
排列
arrangement² 〔əˈrendʒmənt〕
n. 安排；排列

12. **assume**⁴ 〔əˈs(j)um〕 v. 假定；
認為
assumption⁶ 〔əˈsʌmpʃən〕 n.
假定

13. **lame**⁵ 〔lem〕 adj.
跛的
blame³ 〔blem〕 v.
責備

14. **bow**² 〔baʊ〕 v. 鞠躬
n. 船首
bowel⁵ 〔ˈbauəl〕 n. 腸

15. **rush**² 〔rʌʃ〕 v. 衝　n. 匆忙
brush² 〔brʌʃ〕 n. 刷子

16. **burn**² 〔bɝn〕 v. 燃燒
burst² 〔bɝst〕 v. 爆破

17. **help**¹ 〔hɛlp〕 v. n. 幫助
helpful² 〔ˈhɛlpfəl〕 adj.
有幫助的

18. **carry**¹ 〔ˈkærɪ〕 v. 攜帶；
拿著
carrier⁴ 〔ˈkærɪɚ〕 n. 帶菌者

19. **chase**¹ 〔tʃes〕 v. 追趕
purchase⁵ 〔ˈpɝtʃəs〕 v. 購買
(= buy¹)

20. **check**¹ 〔tʃɛk〕 v. 檢查
check-in⁵ 〔ˈtʃɛkˌɪn〕 n.
登記住宿
check-out⁵ 〔ˈtʃɛkˌaʊt〕 n.
結帳退房

自我檢測一下，英文唸一遍，再看中文唸一遍。

Unit 47 Other verbs (I) 其他動詞

1. accept[2]	11. arrange[2]	1. 接受	11. 安排；排列
acceptable[3]	arrangement[2]	可接受的	安排；排列
2. add[1]	12. assume[4]	2. 增加	12. 假定；認為
addition[2]	assumption[6]	增加	假定
3. admire[3]	13. lame[5]	3. 欽佩	13. 跛的
admiration[4]	blame[3]	欽佩	責備
4. avoid[2]	14. bow[2]	4. 避免	14. 鞠躬；船首
avoidable	bowel[5]	可避免的	腸
5. affect[3]	15. rush[2]	5. 影響	15. 衝；匆忙
effect[2]	brush[2]	影響	刷子
6. allow[1]	16. burn[2]	6. 允許	16. 燃燒
allowance[4]	burst[2]	零用錢	爆破
7. apologize[4]	17. help[1]	7. 道歉	17. 幫助
apology[4]	helpful[2]	道歉	有幫助的
8. appear[1]	18. carry[1]	8. 出現	18. 攜帶；拿著
disappear[2]	carrier[4]	消失	帶菌者
9. appreciate[3]	19. chase[1]	9. 欣賞；感激	19. 追趕
appreciation[4]	purchase[5]	欣賞；感激	購買
10. argue[2]	20. check[1]	10. 爭論	20. 檢查
argument[2]	check-in[5]	爭論	登記住宿
	check-out[5]		結帳退房

Unit 48 Other verbs (II)
其他動詞

1. **lap**[2] 〔 læp 〕 *n.* 膝上
   <u>clap</u>[2] 〔 klæp 〕
   v. 鼓掌

2. **collect**[2] 〔 kə'lɛkt 〕 *v.* 收集
   <u>collection</u>[3] 〔 kə'lɛkʃən 〕 *n.*
   收集；收藏品

3. **courage**[2] 〔'kɝɪdʒ 〕 *n.* 勇氣
   <u>discourage</u>[4] 〔 dɪs'kɝɪdʒ 〕 *v.*
   使氣餒

4. **compete**[3] 〔 kəm'pit 〕 *v.* 競爭
   <u>complete</u>[2] 〔 kəm'plit 〕 *adj.*
   完整的 *v.* 完成

5. **continue**[1] 〔 kən'tɪnju 〕 *v.*
   繼續
   <u>continuous</u>[4] 〔 kən'tɪnjuəs 〕
   adj. 連續的

6. **fuse**[5] 〔 fjuz 〕 *n.* 保險絲
   <u>confuse</u>[3] 〔 kən'fjuz 〕 *v.*
   使困惑

7. **control**[2] 〔 kən'trol 〕 *v. n.*
   控制
   <u>patrol</u>[5] 〔 pə'trol 〕 *v. n.* 巡邏

8. **copy**[2] 〔'kɑpɪ 〕 *v.* 影印
   n. 影本；複製品
   <u>copyright</u>[5] 〔'kɑpɪˌraɪt 〕 *n.*
   著作權

9. **correct**[1] 〔 kəˈrɛkt 〕 *v.* 修正

underline: correction 〔 kəˈrɛkʃən 〕 *n.*

修正

10. **count**[1] 〔 kaʊnt 〕 *v.* 數;重要

discount[3] 〔ˈdɪskaʊnt 〕 *n.* 折扣

11. **create**[2] 〔 krɪˈet 〕 *v.* 創造

creation[4] 〔 krɪˈeʃən 〕 *n.* 創造

12. **cry**[1] 〔 kraɪ 〕 *v.* 哭

crystal[5] 〔ˈkrɪstḷ 〕

n. 水晶

13. **cut**[1] 〔 kʌt 〕 *v.* 切;割

shortcut 〔ˈʃɔrt͵kʌt 〕 *n.* 捷徑

14. **doubt**[2] 〔 daʊt 〕 *v. n.* 懷疑

doubtful[3] 〔ˈdaʊtfəl 〕 *adj.*

懷疑的;不確定的

15. **divide**[2] 〔 dəˈvaɪd 〕 *v.* 劃分;

分割

division[2] 〔 dəˈvɪʒən 〕 *n.*

劃分;分配

16. **ease**[1] 〔 iz 〕 *n.* 容易;輕鬆

release[3] 〔 rɪˈlis 〕 *v.* 釋放

17. **date**[1] 〔 det 〕 *n.* 日期;約會

update[5] 〔 ʌpˈdet 〕 *v.* 更新

18. **drip**[3] 〔 drɪp 〕 *v.* 滴下

drop[2] 〔 drɑp 〕 *v.* 落下

19. **decrease**[4] 〔 dɪˈkris 〕

v. 減少

increase[2] 〔 ɪnˈkris 〕

v. 增加

反義詞

20. **elect**[2] 〔 ɪˈlɛkt 〕 *v.* 選舉

election[3] 〔 ɪˈlɛkʃən 〕 *n.* 選舉

自我檢測一下，英文唸一遍，再看中文唸一遍。

Unit 48 Other verbs (II) 其他動詞

1. **lap**[2]	11. **create**[2]	1. 膝上	11. 創造
clap[2]	creation[4]	鼓掌	創造
2. **collect**[2]	12. **cry**[1]	2. 收集	12. 哭
collection[3]	crystal[5]	收集；收藏品	水晶
3. **courage**[2]	13. **cut**[1]	3. 勇氣	13. 切；割
discourage[4]	shortcut	使氣餒	捷徑
4. **compete**[3]	14. **doubt**[2]	4. 競爭	14. 懷疑
complete[2]	doubtful[3]	完整的；完成	懷疑的
5. **continue**[1]	15. **divide**[2]	5. 繼續	15. 劃分；分割
continuous[4]	division[2]	連續的	劃分；分配
6. **fuse**[5]	16. **ease**[1]	6. 保險絲	16. 容易；輕鬆
confuse[3]	release[3]	使困惑	釋放
7. **control**[2]	17. **date**[1]	7. 控制	17. 日期；約會
patrol[5]	update[5]	巡邏	更新
8. **copy**[2]	18. **drip**[3]	8. 影印	18. 滴下
copyright[5]	drop[2]	著作權	落下
9. **correct**[1]	19. **decrease**[4]	9. 修正	19. 減少
correction	increase[2]	修正	增加
10. **count**[1]	20. **elect**[2]	10. 數；重要	20. 選舉
discount[3]	election[3]	折扣	選舉

Unit 49 Other verbs (III)
其他動詞

1. **give**[1] 〔 gɪv 〕 v. 給
   <u>forgive</u>[2] 〔 fɚ'gɪv 〕 v. 原諒

2. **get**[1] 〔 gɛt 〕 v. 得到
   <u>forget</u>[1] 〔 fɚ'gɛt 〕 v. 忘記

3. **fright**[2] 〔 fraɪt 〕 n. 驚嚇
   <u>frighten</u>[2] 〔'fraɪtn̩ 〕 v. 使驚嚇

4. **gain**[2] 〔 gen 〕 v. 獲得
   <u>bargain</u>[4] 〔'bɑrgɪn 〕 v. 討價還價

5. **gather**[2] 〔'gæðɚ 〕 v. 聚集
   <u>gathering</u>[5] 〔'gæðərɪŋ 〕 n. 聚會

6. **enter**[1] 〔'ɛntɚ 〕 v. 進入
   <u>entrance</u>[2] 〔'ɛntrəns 〕 n. 入口

7. **greet**[2] 〔 grit 〕 v. 問候；迎接
   <u>greeting</u>[4] 〔'gritɪŋ 〕 n. 問候

8. **emphasize**[3] 〔'ɛmfə,saɪz 〕 v. 強調
   <u>emphasis</u>[4] 〔'ɛmfəsɪs 〕 n. 強調

9. **expect**[2] 〔 ɪk'spɛkt 〕 v. 期待
   <u>expectation</u>[3] 〔,ɛkspɛk'teʃən 〕 n. 期望

10. **exist**[2] 〔 ɪg'zɪst 〕 v. 存在
    <u>existence</u>[3] 〔 ɪg'zɪstəns 〕 n. 存在

11. **depend**[2] 〔 dɪˋpɛnd 〕 v. 依賴
    <u>dependent</u>[4] 〔 dɪˋpɛndənt 〕
    adj. 依賴的

12. **describe**[2] 〔 dɪˋskraɪb 〕 v.
    描述
    <u>description</u>[3] 〔 dɪˋskrɪpʃən 〕
    n. 描述

13. **detect**[2] 〔 dɪˋtɛkt 〕 v. 發現；
    察覺
    <u>detective</u>[4] 〔 dɪˋtɛktɪv 〕 *n.*
    偵探

14. **feel**[1] 〔 fil 〕 v. 覺得
    <u>feed</u>[1] 〔 fid 〕 v. 餵

15. **find**[1] 〔 faɪnd 〕 v. 找到
    <u>fine</u>[1] 〔 faɪn 〕 *adj.* 好的

16. **fin**[5] 〔 fɪn 〕 *n.* 鰭
    <u>finish</u>[1] 〔ˋfɪnɪʃ 〕 v. 結束；完成

17. **follow**[1] 〔ˋfɑlo 〕 v. 跟隨；
    遵守
    <u>follower</u>[3] 〔ˋfɑloɚ 〕 *n.* 信徒

18. **dig**[1] 〔 dɪg 〕 v. 挖
    <u>dignity</u>[4] 〔ˋdɪgnətɪ 〕
    n. 尊嚴

19. **hate**[1] 〔 het 〕 v. 恨；討厭
    <u>hatred</u>[4] 〔ˋhetrɪd 〕 *n.* 憎恨

20. **ignore**[2] 〔 ɪgˋnor 〕 v. 忽視
    (= *neglect*[4])
    <u>ignorant</u>[4] 〔ˋɪgnərənt 〕 *adj.*
    無知的
    <u>ignorance</u>[3] 〔ˋɪgnərəns 〕 *n.*
    無知

自我檢測一下，英文唸一遍，再看中文唸一遍。

Unit 49 Other verbs (III) 其他動詞

1. give[1]	11. depend[2]	1. 給	11. 依賴
forgive[2]	dependent[4]	原諒	依賴的
2. get[1]	12. describe[2]	2. 得到	12. 描述
forget[1]	description[3]	忘記	描述
3. fright[2]	13. detect[2]	3. 驚嚇	13. 發現；察覺
frighten[2]	detective[4]	使驚嚇	偵探
4. gain[2]	14. feel[1]	4. 獲得	14. 覺得
bargain[4]	feed[1]	討價還價	餵
5. gather[2]	15. find[1]	5. 聚集	15. 找到
gathering[5]	fine[1]	聚會	好的
6. enter[1]	16. fin[5]	6. 進入	16. 鰭
entrance[2]	finish[1]	入口	結束；完成
7. greet[2]	17. follow[1]	7. 問候；迎接	17. 跟隨；遵守
greeting[4]	follower[3]	問候	信徒
8. emphasize[3]	18. dig[1]	8. 強調	18. 挖
emphasis[4]	dignity[4]	強調	尊嚴
9. expect[2]	19. hate[1]	9. 期待	19. 恨；討厭
expectation[3]	hatred[4]	期望	憎恨
10. exist[2]	20. ignore[2]	10. 存在	20. 忽視
existence[3]	ignorant[4]	存在	無知的
	ignorance[3]		無知

Unit 50 Other verbs (IV)
其他動詞

1. **image**³〔ˈɪmɪdʒ〕*n.* 形象
   <u>imagine</u>²〔ɪˈmædʒɪn〕*v.* 想像

2. **prove**¹〔pruv〕*v.* 證明
   <u>improve</u>²〔ɪmˈpruv〕*v.* 改善

3. **include**²〔ɪnˈklud〕*v.* 包括
   <u>exclude</u>⁵〔ɪkˈsklud〕*v.* 排除

4. **indicate**²〔ˈɪndəˌket〕*v.* 指出
   <u>indication</u>⁴〔ˌɪndəˈkeʃən〕*n.*
   跡象；指標

5. **inspire**⁴〔ɪnˈspaɪr〕*v.* 激勵；
   給予靈感
   <u>inspiration</u>⁴〔ˌɪnspəˈreʃən〕
   n. 靈感

6. **insist**²〔ɪnˈsɪst〕*v.* 堅持
   <u>insistence</u>⁶〔ɪnˈsɪstəns〕*n.*
   堅持

7. **interrupt**³〔ˌɪntəˈrʌpt〕
   v. 打斷
   <u>interruption</u>⁴〔ˌɪntəˈrʌpʃən〕
   n. 打斷

8. **introduce**²〔ˌɪntrəˈdjus〕
   v. 介紹；引進
   <u>introduction</u>³〔ˌɪntrəˈdʌkʃən〕
   n. 介紹；引進

9. **invent**²〔ɪnˈvɛnt〕*v.* 發明
   <u>invention</u>⁴〔ɪnˈvɛnʃən〕*n.*
   發明

10. **join**¹〔dʒɔɪn〕*v.* 加入
    <u>joint</u>²〔dʒɔɪnt〕*n.* 關節

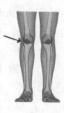

11. **lay**[1] 〔 le 〕 *v.* 下（蛋）；放置；
奠定
<u>layman</u>[6] 〔'lemən 〕 *n.* 門外漢；
外行人

12. **laugh**[1] 〔 læf 〕 *v.* 笑
<u>laughter</u>[3] 〔'læftɚ 〕 *n.* 笑
Laughter is the best medicine.
【諺】笑是最佳良藥。

13. **lick**[2] 〔 lɪk 〕 *v.* 舔
<u>click</u>[3] 〔 klɪk 〕 *n.* 喀嗒聲
<u>flick</u>[5] 〔 flɪk 〕 *n. v.* 輕彈

14. **limit**[2] 〔'lɪmɪt 〕 *v. n.* 限制
<u>limitation</u>[4] 〔ˌlɪmə'teʃən 〕 *n.*
限制

15. **promise**[2] 〔'prɑmɪs 〕 *v.* 保證
<u>compromise</u>[5]
〔'kɑmprəˌmaɪz 〕 *v.* 妥協

16. **look**[1] 〔 lʊk 〕 *v.* 看
<u>outlook</u>[6] 〔'aʊtˌlʊk 〕 *n.* 看法

17. **match**[2,1] 〔 mætʃ 〕 *v.* 搭配
n. 火柴
<u>patch</u>[5] 〔 pætʃ 〕
n. 補丁

18. **kick**[1] 〔 kɪk 〕 *v.* 踢
<u>pick</u>[2] 〔 pɪk 〕 *v.* 挑選

19. **mix**[2] 〔 mɪks 〕 *v.* 混合
<u>mixture</u>[3] 〔'mɪkstʃɚ 〕 *n.* 混合物

20. **knock**[2] 〔 nɑk 〕 *v.* 敲
<u>knob</u>[3] 〔 nɑb 〕 *n.* 圓形把手

自我檢測一下，英文唸一遍，再看中文唸一遍。

Unit 50 Other verbs (IV) 其他動詞

1. **image**[3]
   imagine[2]

2. **prove**[1]
   improve[2]

3. **include**[2]
   exclude[5]

4. **indicate**[2]
   indication[4]

5. **inspire**[4]
   inspiration[4]

6. **insist**[2]
   insistence[6]

7. **interrupt**[3]
   interruption[4]

8. **introduce**[2]
   introduction[3]

9. **invent**[2]
   invention[4]

10. **join**[1]
    joint[2]

11. **lay**[1]
    layman[6]

12. **laugh**[1]
    laughter[3]

13. **lick**[2]
    click[3]
    flick[5]

14. **limit**[2]
    limitation[4]

15. **promise**[2]
    compromise[5]

16. **look**[1]
    outlook[6]

17. **match**[2,1]
    patch[5]

18. **kick**[1]
    pick[2]

19. **mix**[2]
    mixture[3]

20. **knock**[2]
    knob[3]

1. 形象
   想像

2. 證明
   改善

3. 包括
   排除

4. 指出
   跡象；指標

5. 激勵
   靈感

6. 堅持
   堅持

7. 打斷
   打斷

8. 介紹；引進
   介紹；引進

9. 發明
   發明

10. 加入
    關節

11. 下（蛋）
    門外漢

12. 笑
    笑

13. 舔
    喀嗒聲
    輕彈

14. 限制
    限制

15. 保證
    妥協

16. 看
    看法

17. 搭配
    補丁

18. 踢
    挑選

19. 混合
    混合物

20. 敲
    圓形把手

Unit 51 Other verbs (V)

其他動詞

(Unit 51～Unit 55)

1. **jump**[1] 〔 dʒʌmp 〕 *v.* 跳
   bump[3] 〔 bʌmp 〕 *v.* 撞上

2. **need**[1] 〔 nid 〕 *v.* 需要
   needle[2] 〔ˈnidl̩〕 *n.* 針

3. **nod**[2] 〔 nɑd 〕 *v.* 點頭
   rod[5] 〔 rɑd 〕 *n.*
   鞭子；棍子

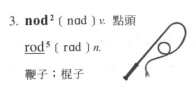

4. **notice**[1] 〔ˈnotɪs〕 *v.* 注意到
   noticeable[5] 〔ˈnotɪsəbl̩〕 *adj.*
   顯著的；明顯的

5. **obey**[2] 〔 əˈbe 〕 *v.* 服從；遵守
   obedience[4] 〔 əˈbidɪəns 〕 *n.*
   服從

6. **omit**[2] 〔 oˈmɪt 〕 *v.* 省略；遺漏
   permit[3] 〔 pɚˈmɪt 〕 *v.* 允許

7. **open**[1] 〔ˈopən〕 *v.* 打開
   adj. 開放的
   opera[4] 〔ˈɑpərə〕 *n.* 歌劇

8. **pat**[2] 〔 pæt 〕 *v.* 輕拍
   pattern[2] 〔ˈpætɚn〕 *n.* 模式

9. **plant**[1] 〔 plænt 〕 *n.* 植物
   v. 種植
   transplant[6] 〔 trænsˈplænt 〕
   v. 移植　*n.* 移植手術

10. **raise**[1] 〔 rez 〕 *v.* 提高；舉起
    praise[2] 〔 prez 〕 *v. n.* 稱讚

11. **ray**³ 〔 re 〕 *n.* 光線
    pray² 〔 pre 〕
    v. 祈禱

12. **print**¹ 〔 prɪnt 〕 *v.* 印刷；列印
    printer² 〔 'prɪntɚ 〕 *n.* 印表機

13. **protect**² 〔 prə'tɛkt 〕 *v.* 保護
    protection³ 〔 prə'tɛkʃən 〕 *n.*
    保護

14. **pull**¹ 〔 pʊl 〕 *v.* 拉
    push¹ 〔 pʊʃ 〕 *v.* 推

pull   push

15. **rent**³ 〔 rɛnt 〕 *v.* 租　*n.* 租金
    rental⁶ 〔 'rɛntl̩ 〕 *adj.* 出租的

16. **reach**¹ 〔 ritʃ 〕 *v.* 抵達；伸出
    preach⁵ 〔 pritʃ 〕 *v.* 說教

17. **receive**¹ 〔 rɪ'siv 〕 *v.* 收到
    receiver³ 〔 rɪ'sivɚ 〕 *n.* 聽筒

18. **mind**¹ 〔 maɪnd 〕 *n.* 心；精神
    remind³ 〔 rɪ'maɪnd 〕 *v.* 提醒；
    使想起

19. **member**² 〔 'mɛmbɚ 〕 *n.* 成員
    remember¹ 〔 rɪ'mɛmbɚ 〕 *v.*
    記得

20. **touch**¹ 〔 tʌtʃ 〕 *v.* 觸摸
    n. 接觸
    tough⁴ 〔 tʌf 〕 *adj.* 困難的

自我檢測一下，英文唸一遍，再看中文唸一遍。

Unit 51 Other verbs (V) 其他動詞

1. **jump**[1]	11. **ray**[3]	1. 跳	11. 光線
bump[3]	pray[2]	撞上	祈禱
2. **need**[1]	12. **print**[1]	2. 需要	12. 印刷；列印
needle[2]	printer[2]	針	印表機
3. **nod**[2]	13. **protect**[2]	3. 點頭	13. 保護
rod[5]	protection[3]	鞭子；棍子	保護
4. **notice**[1]	14. **pull**[1]	4. 注意到	14. 拉
noticeable[5]	push[1]	顯著的	推
5. **obey**[2]	15. **rent**[3]	5. 服從；遵守	15. 租；租金
obedience[4]	rental[6]	服從	出租的
6. **omit**[2]	16. **reach**[1]	6. 省略；遺漏	16. 抵達；伸出
permit[3]	preach[5]	允許	說教
7. **open**[1]	17. **receive**[1]	7. 打開	17. 收到
opera[4]	receiver[3]	歌劇	聽筒
8. **pat**[2]	18. **mind**[1]	8. 輕拍	18. 心；精神
pattern[2]	remind[3]	模式	提醒；使想起
9. **plant**[1]	19. **member**[2]	9. 植物；種植	19. 成員
transplant[6]	remember[1]	移植	記得
10. **raise**[1]	20. **touch**[1]	10. 提高；舉起	20. 觸摸；接觸
praise[2]	tough[4]	稱讚	困難的

Unit 52 Other verbs (VI)
其他動詞

1. **cycle**³ 〔ˈsaɪkḷ 〕 *n.* 循環
   recycle⁴ 〔 riˈsaɪkḷ 〕 *v.* 回收；
   再利用

2. **rust**³ 〔 rʌst 〕 *v.* 生銹
   trust² 〔 trʌst 〕 *v. n.* 信任

3. **revise**⁴ 〔 rɪˈvaɪz 〕 *v.* 修訂
   revision⁴ 〔 rɪˈvɪʒən 〕 *n.* 修訂

4. **rob**³ 〔 rɑb 〕 *v.* 搶劫
   robber³ 〔ˈrɑbɚ 〕 *n.* 強盜

5. **satisfy**² 〔ˈsætɪs‚faɪ 〕 *v.*
   使滿意；滿足
   satisfaction⁴ 〔‚sætɪsˈfækʃən 〕
   n. 滿足

6. **sell**¹ 〔 sɛl 〕 *v.* 賣
   sale¹ 〔 sel 〕 *n.* 出售

7. **seem**¹ 〔 sim 〕 *v.* 似乎
   deem⁶ 〔 dim 〕 *v.* 認為

8. **roll**¹ 〔 rol 〕 *v.* 滾動 ⎫ 同
   role² 〔 rol 〕 *n.* 角色 ⎭ 音字

9. **select**² 〔 səˈlɛkt 〕 *v.* 挑選
   selection² 〔 səˈlɛkʃən 〕 *n.*
   選擇；精選集

10. **out**¹ 〔 aut 〕 *adv.* 向外；外出
    shout¹ 〔 ʃaut 〕 *v.* 吼叫

11. **wait**[1] 〔 wet 〕 *v.* 等

    <u>await</u>[4] 〔 ə'wet 〕 *v.* 等待

12. **well**[1] 〔 wɛl 〕 *adv.* 很好

    <u>welcome</u>[1] 〔'wɛlkəm 〕 *v.* 歡迎

13. **worry**[1] 〔'wɝɪ 〕 *v. n.* 擔心

    <u>warrior</u>[5] 〔'wɔrɪɚ 〕 *n.* 戰士

14. **type**[2] 〔 taɪp 〕 *n.* 類型　*v.* 打字

    <u>typewriter</u>[3] 〔'taɪp,raɪtɚ 〕 *n.* 打字機

15. **solve**[2] 〔 sɑlv 〕 *v.* 解決

    <u>solution</u>[2] 〔 sə'luʃən 〕 *n.* 解決之道

16. **vote**[2] 〔 vot 〕

    v. 投票　*n.* 票

    <u>voter</u>[2] 〔'votɚ 〕

    n. 投票者

17. **shut**[1] 〔 ʃʌt 〕 *v.* 關；閉

    <u>shuttle</u>[4] 〔'ʃʌtl̩ 〕 *n.* 來回行駛；太空梭

18. **wrap**[3] 〔 ræp 〕 *v.* 包；裹

    <u>trap</u>[2] 〔 træp 〕 *v.* 使困住

    n. 陷阱

19. **sign**[2] 〔 saɪn 〕 *n.* 告示牌

    v. 簽名

    <u>assign</u>[4] 〔 ə'saɪn 〕 *v.* 指派

20. **send**[1] 〔 sɛnd 〕 *v.* 寄；送

    <u>sand</u>[1] 〔 sænd 〕 *n.* 沙子

自我檢測一下，英文唸一遍，再看中文唸一遍。

Unit 52 Other verbs (VI) 其他動詞

1. **cycle**[3]	11. **wait**[1]	1. 循環	11. 等
recycle[4]	await[4]	回收；再利用	等待
2. **rust**[3]	12. **well**[1]	2. 生鏽	12. 很好
trust[2]	welcome[1]	信任	歡迎
3. **revise**[4]	13. **worry**[1]	3. 修訂	13. 擔心
revision[4]	warrior[5]	修訂	戰士
4. **rob**[3]	14. **type**[2]	4. 搶劫	14. 類型；打字
robber[3]	typewriter[3]	強盜	打字機
5. **satisfy**[2]	15. **solve**[2]	5. 使滿意；滿足	15. 解決
satisfaction[4]	solution[2]	滿足	解決之道
6. **sell**[1]	16. **vote**[2]	6. 賣	16. 投票
sale[1]	voter[2]	出售	投票者
7. **seem**[1]	17. **shut**[1]	7. 似乎	17. 關；閉
deem[6]	shuttle[4]	認為	來回行駛
8. **roll**[1]	18. **wrap**[3]	8. 滾動	18. 包；裹
role[2]	trap[2]	角色	使困住
9. **select**[2]	19. **sign**[2]	9. 挑選	19. 告示牌
selection[2]	assign[4]	選擇；精選集	指派
10. **out**[1]	20. **send**[1]	10. 向外；外出	20. 寄；送
shout[1]	sand[1]	吼叫	沙子

Unit 53 Other verbs (VII)
其他動詞

1. **strike**[2] 〔 straɪk 〕 *v.* 打擊
   n. 罷工
   <u>stride</u>[5] 〔 straɪd 〕 *v.* 大步走

2. **survive**[2] 〔 sɚˈvaɪv 〕 *v.* 生還；
   自…中生還
   <u>survival</u>[3] 〔 sɚˈvaɪvḷ 〕 *n.* 生還

3. **quit**[2] 〔 kwɪt 〕 *v.* 停止；辭職
   <u>quiz</u>[2] 〔 kwɪz 〕 *n.* 小考

4. **move**[1] 〔 muv 〕 *v.* 移動；搬家
   <u>remove</u>[3] 〔 rɪˈmuv 〕 *v.* 除去

5. **race**[1] 〔 res 〕 *n.* 賽跑；種族
   <u>trace</u>[3] 〔 tres 〕 *v.* 追蹤；追溯

6. **lead**[1,4] 〔 lid 〕 *v.* 帶領
   〔 lɛd 〕 *n.* 鉛
   <u>leader</u>[1] 〔ˈlidɚ 〕 *n.* 領導者

7. **shake**[1] 〔 ʃek 〕 *v.* 搖動
   <u>milk shake</u> 奶昔

8. **start**[1] 〔 start 〕 *v.* 開始
   <u>startle</u>[5] 〔ˈstartḷ 〕 *v.* 使嚇一跳

9. **smile**[1] 〔 smaɪl 〕 *v. n.* 微笑
   <u>smell</u>[1] 〔 smɛl 〕 *v.* 聞   *n.* 味道

10. **port**[2] 〔 port 〕 *n.* 港口
    <u>support</u>[2] 〔 səˈport 〕 *v.* 支持；
    支撐

11. **agree**[1] 〔 ə'gri 〕 v. 同意
    <u>agreement</u>[1] 〔 ə'grimənt 〕 n.
    協議

12. **press**[2] 〔 prɛs 〕 v. 壓
    <u>express</u>[2] 〔 ɪk'sprɛs 〕 v. 表達
    adj. 快遞的；快速的

13. **close**[1] 〔 kloz 〕 v. 關上
    〔 klos 〕 *adj.* 接近的
    <u>disclose</u>[6] 〔 dɪs'kloz 〕 v. 洩露

14. **cover**[1] 〔 'kʌvɚ 〕 v. 覆蓋
    <u>discover</u>[1] 〔 dɪ'skʌvɚ 〕 v. 發現

15. **end**[1] 〔 ɛnd 〕 n. v. 結束
    <u>lend</u>[2] 〔 lɛnd 〕 v. 借（出）

16. **guide**[1] 〔 gaɪd 〕 v. 引導
    n. 導遊
    <u>guidance</u>[3] 〔 'gaɪdn̩s 〕 n. 指導

17. **come**[1] 〔 kʌm 〕 v. 來
    <u>comet</u>[5] 〔 'kɑmɪt 〕 n. 彗星

18. **keep**[1] 〔 kip 〕 v. 保存
    <u>keeper</u>[1] 〔 'kipɚ 〕 n. 看守人；
    管理員

19. **consider**[2] 〔 kən'sɪdɚ 〕 v.
    認爲；考慮
    <u>consideration</u>[3]
    〔 kən,sɪdə'reʃən 〕 n. 考慮

20. **bar**[1] 〔 bɑr 〕 n. 酒吧
    <u>embarrass</u>[4] 〔 ɪm'bærəs 〕 v.
    使尷尬

自我檢測一下，英文唸一遍，再看中文唸一遍。

Unit 53 Other verbs (VII) 其他動詞

1. **strike**[2] stride[5]	11. **agree**[1] agreement[1]	1. 打擊；罷工 大步走	11. 同意 協議
2. **survive**[2] survival[3]	12. **press**[2] express[2]	2. 生還 生還	12. 壓 表達
3. **quit**[2] quiz[2]	13. **close**[1] disclose[6]	3. 停止；辭職 小考	13. 關上 洩露
4. **move**[1] remove[3]	14. **cover**[1] discover[1]	4. 移動；搬家 除去	14. 覆蓋 發現
5. **race**[1] trace[3]	15. **end**[1] lend[2]	5. 賽跑；種族 追蹤；追溯	15. 結束 借（出）
6. **lead**[1,4] leader[1]	16. **guide**[1] guidance[3]	6. 帶領；鉛 領導者	16. 引導；導遊 指導
7. **shake**[1] milk shake	17. **come**[1] comet[5]	7. 搖動 奶昔	17. 來 彗星
8. **start**[1] startle[5]	18. **keep**[1] keeper[1]	8. 開始 使嚇一跳	18. 保存 看守人
9. **smile**[1] smell[1]	19. **consider**[2] consideration[3]	9. 微笑 聞；味道	19. 認為；考慮 考慮
10. **port**[2] support[2]	20. **bar**[1] embarrass[4]	10. 港口 支持；支撐	20. 酒吧 使尷尬

Unit 54 Other adjectives (I)
其他形容詞

1. **able**[1]〔'ebl̩〕*adj.* 能夠的
   <u>enable</u>[3]〔ɪn'ebl̩〕*v.* 使能夠

2. **raid**[6]〔red〕*n.* 襲擊
   <u>afraid</u>[1]〔ə'fred〕*adj.* 害怕的

3. **classic**[2]〔'klæsɪk〕*adj.*
   第一流的
   <u>classical</u>[3]〔'klæsɪkl̩〕*adj.*
   古典的

4. **color**[1]〔'kʌlɚ〕*n.* 顏色
   <u>colorful</u>[2]〔'kʌləfəl〕*adj.* 多彩
   多姿的（= *colourful*【英式用法】）

5. **danger**[1]〔'dendʒɚ〕*n.* 危險
   <u>dangerous</u>[2]〔'dendʒərəs〕
   adj. 危險的

6. **crowd**[2]〔kraud〕*n.* 群眾；
   人群
   <u>crowded</u>〔'kraudɪd〕*adj.*
   擁擠的

7. **hole**[1]〔hol〕*n.* 洞
   <u>whole</u>[1]〔hol〕*adj.*
   全部的；整個的 ⎫ 同
   　　　　　　　　 ⎬ 音
   　　　　　　　　 ⎭ 字

8. **dirt**[3]〔dɝt〕*n.* 污垢
   <u>dirty</u>[1]〔'dɝtɪ〕
   adj. 髒的

9. **fair**[2]〔fɛr〕*adj.* 公平的
   <u>affair</u>[2]〔ə'fɛr〕*n.* 事情

10. **fresh**¹ 〔 frɛʃ 〕 *adj.* 新鮮的
    <u>freshman</u>⁴ 〔'frɛʃmən 〕 *n.*
    大一新生

11. **road**¹ 〔 rod 〕 *n.* 道路
    <u>broad</u>² 〔 brɔd 〕 *adj.* 寬的

12. **equal**¹ 〔'ikwəl 〕 *adj.* 相等的
    <u>equality</u>⁴ 〔 ɪ'kwɑlətɪ 〕 *n.*
    相等【注意發音】

13. **excel**⁵ 〔 ɪk'sɛl 〕 *v.* 勝過；
    擅長
    <u>excellent</u>² 〔'ɛkslənt 〕 *adj.*
    優秀的

14. **fashion**³ 〔'fæʃən 〕 *n.* 流行
    <u>fashionable</u>³
    〔'fæʃənəbḷ 〕
    adj. 流行的

15. **favor**² 〔'fevɚ 〕 *n.* 恩惠；
    幫忙
    <u>favorite</u>² 〔'fevərɪt 〕 *adj.*
    最喜愛的

16. **luck**² 〔 lʌk 〕 *n.* 運氣；幸運
    <u>lucky</u>¹ 〔'lʌkɪ 〕
    adj. 幸運的

17. **sick**¹ 〔 sɪk 〕 *adj.* 生病的
    <u>homesick</u>² 〔'hom,sɪk 〕 *adj.*
    想家的

18. **horror**³ 〔'hɔrɚ , 'harɚ 〕 *n.*
    恐怖
    <u>horrible</u>³ 〔'hɔrəbḷ ,
    'harəbḷ 〕 *adj.* 可怕的

19. **positive**² 〔'pɑzətɪv 〕 *adj.*
    肯定的；樂觀的
    <u>negative</u>² 〔'nɛgətɪv 〕 *adj.*
    否定的；負面的 　　相反詞

20. **over**¹ 〔'ovɚ 〕 *prep.* 在…上面
    <u>overseas</u>² 〔'ovɚ'siz 〕 *adv.*
    在海外　*adj.* 海外的

自我檢測一下，英文唸一遍，再看中文唸一遍。

Unit 54 Other adjectives (I) 其他形容詞

1. **able**[1] enable[3]	11. **road**[1] broad[2]	1. 能夠的 使能夠	11. 道路 寬的
2. **raid**[6] afraid[1]	12. **equal**[1] equality[4]	2. 襲擊 害怕的	12. 相等的 相等
3. **classic**[2] classical[3]	13. **excel**[5] excellent[2]	3. 第一流的 古典的	13. 勝過；擅長 優秀的
4. **color**[1] colorful[2]	14. **fashion**[3] fashionable[3]	4. 顏色 多彩多姿的	14. 流行 流行的
5. **danger**[1] dangerous[2]	15. **favor**[2] favorite[2]	5. 危險 危險的	15. 恩惠；幫忙 最喜愛的
6. **crowd**[2] crowded	16. **luck**[2] lucky[1]	6. 群眾；人群 擁擠的	16. 運氣；幸運 幸運的
7. **hole**[1] whole[1]	17. **sick**[1] homesick[2]	7. 洞 全部的	17. 生病的 想家的
8. **dirt**[3] dirty[1]	18. **horror**[3] horrible[3]	8. 污垢 髒的	18. 恐怖 可怕的
9. **fair**[2] affair[2]	19. **positive**[2] negative[2]	9. 公平的 事情	19. 肯定的 否定的
10. **fresh**[1] freshman[4]	20. **over**[1] overseas[2]	10. 新鮮的 大一新生	20. 在…上面 在海外

Unit 55 Other adjectives (II)
其他形容詞

1. **calm**[2] 〔 kɑm 〕 *adj.* 冷靜的
   palm[2] 〔 pɑm 〕 *n.* 手掌

2. **public**[1] 〔ˈpʌblɪk 〕 *adj.*
   公共的；公開的
   republic[3] 〔 rɪˈpʌblɪk 〕 *n.*
   共和國

3. **person**[1] 〔ˈpɝsn̩ 〕 *n.* 人
   personal[2] 〔ˈpɝsn̩l̩ 〕 *adj.*
   個人的

4. **similar**[2] 〔ˈsɪmələ 〕 *adj.*
   相似的
   similarity[3] 〔ˌsɪməˈlærətɪ 〕
   n. 相似之處

5. **special**[1] 〔ˈspɛʃəl 〕 *adj.* 特別的
   specialty[6] 〔ˈspɛʃəltɪ 〕 *n.* 專長；
   招牌菜

6. **terrible**[2] 〔ˈtɛrəbl̩ 〕 *adj.* 可怕的
   terrific[2] 〔 təˈrɪfɪk 〕 *adj.* 很棒的

7. **sudden**[2] 〔ˈsʌdn̩ 〕 *adj.* 突然的
   suddenly[2] 〔ˈsʌdn̩lɪ 〕 *adv.*
   突然地

8. **marvel**[5] 〔ˈmɑrvl̩ 〕 *v.* 驚訝
   marvelous[3] 〔ˈmɑrvl̩əs 〕 *adj.*
   令人驚嘆的；很棒的

9. **quiet**[1] 〔ˈkwaɪət 〕 *adj.* 安靜的
   quite[1] 〔 kwaɪt 〕 *adv.* 非常

10. **ready**[1] 〔ˈrɛdɪ 〕 *adj.* 準備好的
    already[1] 〔 ɔlˈrɛdɪ 〕 *adv.* 已經

11. **Mary** 〔 ˈmɛrɪ 〕 *n.* 瑪麗
（女子名）
<u>primary</u>³ 〔 ˈpraɪˌmɛrɪ 〕 *adj.*
主要的；基本的

12. **private**² 〔 ˈpraɪvɪt 〕 *adj.*
私人的
<u>privacy</u>⁴ 〔 ˈpraɪvəsɪ 〕 *n.*
隱私權

13. **regular**² 〔 ˈrɛgjələ 〕 *adj.*
規律的；定期的
<u>regulate</u>⁴ 〔 ˈrɛgjəˌlet 〕 *v.*
管制

14. **responsible**² 〔 rɪˈspɑnsəbḷ 〕
adj. 應負責任的
<u>responsibility</u>³
〔 rɪˌspɑnsəˈbɪlətɪ 〕 *n.* 責任

15. **scared** 〔 skɛrd 〕 *adj.* 害怕的
<u>sacred</u>⁵ 〔 ˈsekrɪd 〕 *adj.* 神聖的

16. **series**⁵ 〔 ˈsɪrɪz 〕 *n.* 一連串；
影集
<u>serious</u>² 〔 ˈsɪrɪəs 〕 *adj.* 嚴重的；
嚴肅的

17. **false**¹ 〔 fɔls 〕 *adj.* 錯誤的
<u>fault</u>² 〔 fɔlt 〕 *n.* 過錯

18. **sleep**¹ 〔 slip 〕 *v.* 睡　 *n.* 睡眠
<u>sleepy</u>² 〔 ˈslipɪ 〕 *adj.* 想睡的
<u>asleep</u>² 〔 əˈslip 〕 *adj.* 睡著的

19. **up**¹ 〔 ʌp 〕 *adv.* 往上
<u>upper</u>² 〔 ˈʌpə 〕 *adj.* 上面的

20. **right**¹ 〔 raɪt 〕 *adj.* 對的；右邊的
n. 權利；右邊
<u>bright</u>¹ 〔 braɪt 〕 *adj.* 明亮的

自我檢測一下，英文唸一遍，再看中文唸一遍。

Unit 55 Other adjectives (II) 其他形容詞

1. **calm**[2]	11. **Mary**	1. 冷靜的	11. 瑪麗
palm[2]	primary[3]	手掌	主要的
2. **public**[1]	12. **private**[2]	2. 公共的	12. 私人的
republic[3]	privacy[4]	共和國	隱私權
3. **person**[1]	13. **regular**[2]	3. 人	13. 規律的
personal[2]	regulate[4]	個人的	管制
4. **similar**[2]	14. **responsible**[2]	4. 相似的	14. 應負責任的
similarity[3]	responsibility[3]	相似之處	責任
5. **special**[1]	15. **scared**	5. 特別的	15. 害怕的
specialty[6]	sacred[5]	專長	神聖的
6. **terrible**[2]	16. **series**[5]	6. 可怕的	16. 一連串
terrific[2]	serious[2]	很棒的	嚴重的
7. **sudden**[2]	17. **false**[1]	7. 突然的	17. 錯誤的
suddenly	fault[2]	突然地	過錯
8. **marvel**[5]	18. **sleep**[1]	8. 驚訝	18. 睡；睡眠
marvelous[3]	sleepy[2]	令人驚嘆的	想睡的
	asleep[2]		睡著的
9. **quiet**[1]		9. 安靜的	
quite[1]	19. **up**[1]	非常	19. 往上
	upper[2]		上面的
10. **ready**[1]		10. 準備好的	
already[1]	20. **right**[1]	已經	20. 對的
	bright[1]		明亮的

INDEX · 索引

為什麼要背7000字？

　　劉毅英文為什麼堅持同學要背7000字？牛津英語語料庫（OEC）資料證明以下圖表。（圖源為「秒懂英語」范老師提供）

Vocabulary size	% of content in OEC	Example
10	25%	the, of, and, to, that, have
100	50%	from, because, go, me, our, well, way
1000	75%	girl, win, decide, huge, difficult, series
7000	90%	tackle, peak, crude, purely, dude, modest
50,000	95%	saboteur, autocracy, calyx, conformist
10,000,000	99%	laggardly, endobenthic

　　一眼就可以看出，背7000字CP值最高，背1000個單字，就可以理解文章中百分之75的內容，一般人大多可以做得到。背7000個單字，你就可以理解一般文章的百分之90，此時就可以利用上下文意，推測出其他百分之10的意思。背了超出7000字範圍的單字，背了5萬字，才增加百分之五，所以同學如果看的文章超出7000字，未來幫助不大，到最後都會忘掉，划不來。

　　「劉毅英文」走在別人前面一步，我們不會讓同學學錯東西，浪費生命，我們為同學準備了完整的7000字系列叢書，助同學一臂之力！

讓我們協助你成為單字王

劉毅英文單字戰鬥營

英文好壞的關鍵→單字！ 背單字能考驗毅力！

單字王養成計畫

級 別	課 程 內 容	目 標	上課時間	收費標準
第一級	小學生英語字彙輕鬆背	3週背完	每週一晚上 6：30~8：30	3週1,800元
第二級	國中2000分類輕鬆背	6週背完	每週二晚上 6：30~8：30	6週3,800元
第三級	高中常考3500分類輕鬆背	6週背完	每週三晚上 6：30~8：30	6週3,800元
第四級	第6級單字輕鬆背	6週背完	每週四晚上 6：30~8：30	6週3,800元
第五級	用會話背7000字	6週背完	每週五晚上 6：30~8：30	6週3,800元
第六級	一分鐘背9個單字	6週背完	每週六晚上 6：30~8：30	6週3,800元
第七級	時速破百單字快速記憶	6週背完	每週日晚上 6：30~8：30	6週3,800元

英文單字有17萬1,476個，每個字有多個意思，高中課本和升大學考試都以「高中常用7000字」為範圍，鎖定7000字，背至滾瓜爛熟。

循環上課，全年無休，天天有課。英文成敗的關鍵在於，是否能不厭其煩地和單字長久作戰。

劉毅英語會話戰鬥營

天天有會話課，不限年齡，不分程度，可一週上一次，也可一週上多次。各班內容不重複，全年循環上課，想快速學完就可密集上課。會話、演講一次解決！

級別	課程內容	收費標準	上課時間
第一級	一口氣背會話(上集) 天天用得到，可主動對別人說。	6週 *3,800元*	每週一 下午3：30~5：30
第二級	一口氣背會話(下集) 學說優美的英語，人人喜歡你。	6週 *3,800元*	每週二 下午3：30~5：30
第三級	一口氣背文法 背完216句，學會216個句型。	6週 *3,800元*	每週三 下午3：30~5：30
第四級	一口氣考試英語 將大學入學考試題目編成會話會說話，也會考試	6週 *3,800元*	每週四 下午3：30~5：30
第五級	喜怒哀樂食衣住行英語 分類會話，學了較難忘。	6週 *3,800元*	每週五 下午3：30~5：30
第六級	演講式英語 先背三篇重要的演講：1.英文自我介紹。2.向父母致敬的演講。3.成功之道。	6週 *3,800元*	每週六 下午3：30~5：30
第七級	一口氣背演講 固定格式，三句一組，九句一段，54句一篇，正常度3分鐘講完。	6週 *3,800元*	每週日 下午3：30~5：30

劉毅英文國中會考戰鬥營

國中會考英文試題越來越難，單字深、題目多，沒有經過訓練，很難考高分。

今年會考試題的單字有些超出2000字，如goulash（蔬菜燉牛肉）、crosstalk（相聲）、smash hit（轟動的演出）、grand（雄偉的）等。所以，要先把「國中常用2000字」背得滾瓜爛熟，其他單字的意思才能猜得出來。

「閱讀測驗」越來越長是趨勢，「克漏字測驗」不再是考單字或文法，而是考句意。唯有不斷練習，才能得高分。

國九會考「量身訂做」主題課程

■招生對象：歡迎國七、國八超前挑戰、國九必備技能。

課 程 內 容		上課時間	收費標準
主題①	國中2000分類輕鬆背	每週一晚上 6:30～9:30	6週3,800元
主題②	會考必考單字文法	每週二晚上 6:30～9:30	6週3,800元
主題③	會考多元閱讀演練	每週三晚上 6:30～9:30	6週3,800元
主題④	會考常考克漏字精選	每週四晚上 6:30～9:30	6週3,800元
主題⑤	會考常錯聽力陷阱實戰	每週五晚上 6:30～9:30	6週3,800元
主題⑥	國中會考全真模考	每週六上午 9:00～12:00	6週3,800元

LE 劉毅英文教育機構　台北市許昌街17號6F（捷運M8出口對面）TEL：（02）2389-5212
網址：www.learnbook.com.tw　台北市私立學信文理短期補習班